M&A
コンサルタント
という選択

なぜ、最高峰人材が
M&A業界に集まるのか

株式会社fundbook
代表取締役
森山 智樹　渡邊 和久

CROSSMEDIA PUBLISHING

はじめに

M&A業界には、近年ますます、優秀な人材、特に最高峰のビジネスパーソンが集まっています。その理由は、M&Aが単なる取引を超え、企業の成長戦略や経営課題の解決に直接関わる重要な役割を果たしているからです。経営戦略、法務、ファイナンスといった多岐にわたる分野の知識が求められ、これらを持つ人材が企業の未来を左右する意思決定に貢献できる点が大きな魅力となっています。

また、成果主義の報酬制度も優秀な人材を引き寄せる要因です。成功報酬によって高額な報酬を得る機会があり、自身のスキルや経験を活かして高いリターンを得ることができます。さらに、企業の存続や成長を支えるという社会的意義の高い業務に携わることで、大きなやりがいを感じられる点も魅力です。

Ｍ＆Ａは企業の成長戦略や産業再編の中核に位置し、現在ではすっかり経済の中で定着した感があります。実際にレコフデータによると日本企業が関与したＭ＆Ａの件数は１９８５年の２６０件から２０２３年には４０１５件に増加しており、事業承継や再編、技術革新、グローバル化への対応といった多様なニーズに支えられ、成長を続けています。

ｆｕｎｄｂｏｏｋの創業者である畑野幸治は、自身が経営する会社の株式譲渡を仲介会社に依頼した際、提案される内容に属人的な偏りがあることに不安を覚えました。担当コンサルタントからの提案に納得がいかず、Ｍ＆Ａ業界そのものに対して大きな課題意識を抱いたことが、彼の転機となりました。Ｍ＆Ａ仲介のあり方に疑問を感じた畑野は、この業界にテクノロジーや透明性を持ち込み、より公平で効率的なマッチングを実現するために、自らｆｕｎｄｂｏｏｋを創業しました。

今日、企業を取り巻く環境は、ＩＴの普及、少子高齢化、後継者不足、グローバル化といった要因により大きく変化しています。Ｍ＆Ａを通じて譲渡を検討する中堅・

中小企業の経営者も増加し、事業承継や成長戦略においてM&Aがますます重要視されています。しかし、経営者にとって初めてのM&Aは、家族や従業員を含めて失敗が許されない重大な決断です。

ｆｕｎｄｂｏｏｋは、すべての中堅・中小企業の経営者が気軽にM&Aを相談でき、フェアで安心なマッチングができる新しいM&Aの形を目指しています。テクノロジーを駆使したM&Aプラットフォームを中核とし、コンサルタントを支援する専門部門、プロセスのデジタル化、さらに洗練された人材育成のインフラを整備しています。新しい挑戦を求めるエネルギッシュな方々の入社を心待ちにしています。

第2章 M&A業界でfundbookが選ばれる理由

実際にどんな人がfundbookにジョインし、活躍しているのか？……83

第3章

fundbookが求める人材像とは

第4章 fundbook、今後の展望

第5章 よくある質問 FAQ

第1章

就職・転職市場で注目が高まるM&A業界

優秀な人材が抱く悩み

優秀な人材がキャリアを積む中で抱える悩みには、３つの種類があるように思います。

１つ目は、**スキルや知識の成長が鈍化していると感じること。**挑戦や成長の機会が少ない環境では、スキルアップが難しくなります。

２つ目は、**仕事に対するやりがいの欠如。**自分の貢献が見えにくくなると、仕事に対するモチベーションが低下します。

最後に、**報酬に対する不満。**努力が十分に評価されていないと感じると、次のステップへの意欲が削がれることにもなります。このような悩みを解消し、あなたの能力を最大限に活かせる環境を探すことが、キャリアの成長につながります。

今の会社での自己成長鈍化／スキルの停滞

多くの優秀な人材は、学生時代からの努力を実らせ、新卒時に大企業や上場企業への道を選びます。それは当然の選択です。大企業では安定した給与、充実した福利厚生、そして社会的な信用が提供されます。誰もが知っている企業で働くということは、家族や恋人にとっても誇りであり、自分自身にも大きな安心感をもたらします。世間的にも認知されている企業の名刺を持つことは、ひとつのステータスです。しかし、こうした大企業での仕事が、本当に自分自身の成長やキャリアの飛躍につながっているかといえば、必ずしもそうではないかもしれません。

企業において、あなたが担当する業務は、企業活動全体のほんの一部分ではないでしょうか？　企業規模が大きいほど、特定の部門や業務に専念することが求められるため、経験を通じて得られる知識やスキルは限られるケースがあります。特に新入社員や若手社員にとっては、自らの希望に応じたキャリアパスを歩むことが難しく、組織内での役割が早々に固定されてしまうことがあります。これにより、新しい挑戦やスキルの習得が難しくなり、昇進のペースも決まったレールの上を走っているような感覚を抱くことが多いでしょう。

さらに、分業化が進んでいる企業では、ひとつのプロジェクトに対して自分の関わり方が部分的でしかなく、自分の力が全体にどう影響を与えているのかが見えにくくなることもあります。個々の貢献が目に見える形で評価される機会が少なく、「自分が今どれだけ成長しているのか」「本当にこの仕事でキャリアを進めていけるのか」という不安が生じます。

現代のビジネス環境では、技術の進展やグローバルな競争の激化により、変化のスピードが加速しています。企業自体も成長や変革を求められている一方で、個人もまた絶えず自己成長を求められる時代です。しかし、企業の枠組みの中では、自己成長のスピードが追いつかず、結果として停滞を感じてしまうことが少なくありません。

優秀な人材ほど、この停滞感がストレスとなります。なぜなら、従来の常識がことごとく覆されている現代社会の中では、優秀な人こそ自身の成長や新しい挑戦を求めているからです。しかし、定型化された業務の中で、自らが持っている可能性や能力が十分に発揮されない状況が続くと、やがてその意欲も次第に薄れてしまうことがあります。日々の業務がルーティン化し、目新しい挑戦やスキルの習得がない中で、キャリアに対する熱意やモチベーションが徐々に失われていくことは、大きな問題です。

業務に没頭しているうちは、目の前のタスクに追われているため、あまり深く考えることはないかもしれません。しかし、ふと立ち止まったときに、「この仕事は本当に自分でなければいけないのか？」という疑念が生じることがあります。組織の中で特定の業務に長く従事していると、次第にその業務が誰でもできるようなものに感じられてしまうことがあります。自分が積み重ねてきた努力が本当に意味を持っているのか、また、自分のキャリアが本当にこれでいいのかと不安に感じる瞬間がやってくるのです。

このような疑念は、キャリアに対するモチベーションを低下させるだけでなく、仕事そのものに対する意欲を損なう原因にもなります。特に、長期的な目標を見据えて挑戦しているはずのキャリアが、いつの間にか「現状維持」や「安定」だけを目指すものに変わってしまうことは、優秀な人材にとって大きなストレスとなると想像します。

もしあなたが、今のキャリアに不安や物足りなさを感じているのであれば、今こそ一度立ち止まって、自分が心から望むキャリアについて考えてみるべきなのかもしれません。安定や社会的信用は確かに大切ですが、それだけで満足できない自身の向上心に気づきはじめているのではないでしょうか？　今こそ、自分の力を発揮できる環境を求め、自己実現のために行動してみることも、ひとつの選択肢です。

政府が推進する労働改革にある通り、これからのキャリアは、多様性に富み、自己最大化のために自分自身で道を切り拓かなくてはなりません。技術革新と共に変化のスピードが速まる現代において、自己成長の機会を自ら探し、キャリアを再構築していくことが、今後ますます求められることでしょう。あなた自身が秘めている素晴らしい潜在能力を最大限に発揮できる場所を探し、最も輝ける道を探してみてください。

やりがいの悩み

多くの人は、日々の仕事を通じて「誰かの役に立っている」「社会に貢献できている」と実感するときに、大きなやりがいを感じます。特に、優秀な人材ほどただ与えられた業務をこなすだけでは物足りなさを感じ、もっと大きな挑戦や自分の存在価値を見つけたいと思うものです。しかし、現実には、日常の業務に追われ、自分がどのような成果を上げ、誰にどれだけの影響や貢献を与えているのかが見えにくくなることが少なくありません。

こうした状況に陥ると、「この仕事は本当に自分がやるべきなのか？」という疑問が心に浮かびます。自分の仕事が誰かのためになっていると実感できる機会が減り、単なる業務の一部に過ぎなくなると、やりがいを感じる瞬間が希薄になりがちです。

あなたも、働きながら「自分の成果が確認できず、誰かの役に立てているのだろうか」という疑問を感じたことはありませんか？

特に、優秀な人材は「自分だからこそできる仕事」にこだわり、社会的に価値のある貢献ができているという実感を得たいと願っています。自分のスキルや知識が本当に誰かのためになっていることを確認し、社会に貢献できていると実感することで、次へのモチベーションが高まります。他者から感謝される仕事、社会に貢献しているという実感は、仕事を続ける上での最大の原動力となるからです。

しかし、現実の多くの職場では、そうした自己の成果が確認できる機会は意外と少ないものです。多くの仕事は、成果が見えにくく、個々人がどれだけ貢献しているのかを自分自身で実感することが難しい状況にあります。上司や同僚からのフィードバックが限られ、日々の業務がただの「仕事」になってしまうことが少なくありません。

特に、分業化された職場では、個々の役割が小さくなりがちです。あなたがどれだけ努力しても、それが全体の成果にどう結びついているのかが見えにくくなることもあるでしょう。このような感覚に悩まされると、自分の存在意義やキャリアの方向性に疑念が生まれ、不満が蓄積されてしまいます。

これにより、次第に仕事に対する情熱が薄れ、自己成長やキャリアアップに対するモチベーションが低下することもあります。日々の業務に対しても、ただこなすだけの姿勢になり、達成感や充実感を得られないまま時間が過ぎてしまうのです。


しかし、そうした環境に身を置いているからといって、諦める必要はありません。本当にあなたの能力が発揮され、やりがいを感じられる場所は、他にもきっとあるはずです。自分のスキルや経験を活かし、社会に貢献することで満足感を得たいのであれば、自分が価値を提供できる分野や職種を探すことが大切です。

まずは、自分の強みを見つめ直し、それがどのように社会に役立つのかを考えてみましょう。現在の仕事の中でも、少し視点を変えることで、自分の役割が果たす意義を見出すことができるかもしれません。また、もし今の環境でやりがいを見つけられないのであれば、新しい業界や職場に目を向けることも選択肢のひとつです。自分のスキルや知識を最大限に活かせる場所を探すことで、より大きな達成感ややりがいを感じることができるでしょう。

成果が報酬に反映されない不満

技術革新やグローバル化の加速に伴い、私たちはこれまでにないほど変化の激しい時代を生きています。かつては時代をリードしていた花形産業が、いまや衰退し、斜陽産業となってしまった例も珍しくありません。テクノロジーや市場の変化によって、従来の成功モデルが崩れ、かつての栄光は影を潜めることもあります。このような激動の時代に、多くのビジネスパーソンが自らのキャリアに対して不安を抱き、将来に対する迷いや悩みを感じています。

特にこれまでのキャリアを企業任せにしてきた人にとって、こうした変化は大きな衝撃をもたらすかもしれません。従来の年功序列型の賃金体系が根強く残る企業では、個人の努力や成果が十分に評価されないことがしばしばあります。あなたがどれだけ努力を重ね、成果を上げたとしても、それが賃金や昇進に反映されないという不満を抱いたことはありませんか？

年功序列や硬直した昇進制度では、たとえ成果を出しても、評価基準が曖昧であることが多く、個々人の貢献度が正当に反映されないことがあります。結果として、キャリア全体に対する不安が増し、将来のビジョンが見えなくなることがあります。

さらに、産業自体が変革期を迎え、技術革新や新たな競争環境によってビジネスモデルが大きく変わる中で、今後も同じ業界でキャリアを続けられるのかという疑問が生じます。例えば、製造業や出版業など、かつては安定した成長を見せていた産業が、デジタル化の波に飲まれ、従来のビジネスモデルが成立しなくなる場面も見られます。こうした業界の動向は、賃金の伸び悩みや雇用の不安定化を引き起こし、将来の収入に対する期待も薄れてしまいます。

こうした不安や疑問に直面したとき、重要なのは、企業や業界に依存せず、キャリアを主体的に考えることです。かつてはひとつの企業に終身雇用されることが当たり前でしたが、今の時代においては、それだけに頼るのはリスクが大きくなっています。むしろ、変化を恐れるのではなく、その変化に柔軟に対応し、新たなチャンスを探すことがキャリア形成のカギとなるのです。

優秀な人材であればあるほど、より自由度の高いキャリアパスを模索しています。これまでの枠組みに縛られず、自らの能力やスキルを最大限に活かせる新しい環境を探し、キャリアの可能性を広げることが求められています。これには、異なる業界に挑戦したり、新たなスキルを身につけたり、起業を視野に入れた多様な選択肢が含まれます。

もし、現在のキャリアに少しでも不安や迷いを感じているなら、これを機にキャリアを見直し、新しい道を探ることもよいでしょう。企業や業界の変化に対して受け身でいるのではなく、積極的に変化に対応し、自分自身の成長や挑戦を追求することで、新たなチャンスを掴むことができます。

では、具体的にどのようにキャリアを変えていけばいいのでしょうか？　まずは、自分自身のスキルや強みを見直し、それがどのように他の業界や分野で活かせるのかを考えることが重要です。これまでの経験を新しい形で活かすことができる業界や職種を見つけることで、変化をチャンスに変えることができます。

　また、新しいスキルを学ぶことも重要です。特に、法務、税務、会計、ＩＴ、ＤＸ、ＡＩ、セールス、コンサルティング、言語といったスキルのニーズが高まる現代においては、それらのジェネラリストになることが大きな武器となります。ビジネススキルの総合力を上げていくことで、市場変化への対応力が身につき、勤める企業にも顧客にも新たな価値を提供できる人材としてキャリアを築くことができるでしょう。

　さらに、経営者や経営幹部と対等に交渉できるビジネスコミュニケーション力やネットワーキングも大切です。新たな価値創造やチャンスは、しばしば人とのつながりから生まれることが多いものです。幅広い立場や年代の方と関わり、業種の垣根を越えた人々との交流は、キャリアの可能性を広げるヒントやインスピレーションを得ることができるでしょう。これからは次のキャリアを見据えて、今のコミュニティの〝外〟に目を向けることが大切です。

変化の激しい時代にあって、将来への不安やキャリアの迷いは避けられないものかもしれません。しかし、こうした時代だからこそ、キャリアを自分の手で切り拓いていくことが必要です。受け身ではなく、積極的に変化をチャンスに変えていく姿勢が求められています。

もしあなたが、今の仕事や業界に対して不安を感じているのであれば、今こそ一歩踏み出すときです。新しいキャリアの可能性を探り、成長を続ける業界に挑戦することで、あなたのスキルと経験を最大限に活かすことができるはずです。変化を恐れるのではなく、それを活力に変えて、自らの未来を切り拓いていくのです。

なぜ今、M&A業界に優秀な人材が集まるのか？

M&A業界は市場の活性化もあり、業界経験の有無にかかわらず優秀なビジネスパーソンが様々な理由で集まってきています。当社にも業界未経験の優秀な人材が集まってきています。M&A業界は、本人の努力次第で活躍の場がどんどん広がる環境であるだけに、20代、30代のビジネスパーソンにとってはますます魅力的な業界となっています。

自己成長で自身の市場価値を高めたい

M&A業界に優秀な人材が集まる理由のひとつは、この業界が提供する幅広いキャリアパスと高度な専門性の両方を追求できる環境にあります。

M&Aでは、企業の買収や統合といった複雑なプロセスを扱うため、ファイナンス、会計、法律といった分野に関する深い知識が必要です。M&Aの仕事の流れはソーシング、マッチング、エグゼキューションと大きく分けられますが、それぞれのフェーズで専門家と協力し、成約を目指します。それだけにコミュニケーション能力は必須となり、磨かれることになります。特にデューディリジェンス（買収監査）のフェーズでは、弁護士や税理士、財務の専門家など、様々な外部のプロフェッショナルと密接に連携することになり、実践の中で高度な専門性を身につけることも可能です。このような多角的な知識の獲得は、自己成長に直結し、あなた自身の市場価値を大きく高める要素となります。

さらに、M&A業界は、急速に変化する市場環境に常に対応する必要があり、非常にダイナミックな仕事環境を提供しています。毎回異なる案件に取り組む中で新しい課題が次々に出現し、それを解決するためのプロセスで得られる経験は他業界では得られないものばかりです。こうした環境でスピード感を持ってキャリアを進めたいと考える若手・中堅のビジネスパーソンにとって、M&A業界は理想的な成長の場となっています。

M&A業界では若いうちから大きな裁量権が与えられます。自らの手でプロジェクトを動かし、譲渡・譲受企業の経営層と直接対話しながら、企業の未来を左右する重要な意思決定に深く関与することで、仕事の責任感と達成感を強く感じられる環境が整っています。単なる一部の業務をこなすのではなく、プロジェクト全体を主導する役割を担い、自分の力を存分に発揮できる点が、優秀な人材を惹きつける大きな理由のひとつです。

また、M&A業界は実力主義の色が非常に濃い業界です。年功序列に縛られることなく、成果がダイレクトに評価されるため、自分の努力次第でキャリアを急速に加速させることができます。高度な専門知識を実務で活用しながら、自己成長と市場価値の向上を同時に追求できる点が、M&A業界に多くの優秀な人材が集まる理由です。

総じて、M&A業界は、プロフェッショナルとしてのスキルを深めつつ、ダイナミックな仕事環境で成長できる場を提供しています。外部の専門家と協働しながら複雑なプロジェクトを推進していく過程で得られる経験は、他の業界では得がたい貴重なものです。このような充実したキャリア機会が、優秀な人材を引き寄せています。

持てる力を発揮して仕事のやりがいを得たい

M&Aは、企業の未来を支え、事業承継を通じて企業、顧客、そして雇用を次世代へ引き継ぐという非常に社会貢献度の高い仕事です。コンサルタントは、譲渡企業と譲受企業の双方に対し、課題解決や企業の成長・存続に深く関与します。この役割には専門知識、柔軟な対応力、そして強靭な精神力が求められ、それゆえ大きなやりがいを得られます。

特に後継者不足に直面する企業の事業承継を成功させた際、オーナーから感謝の言葉を受け取ることで、社会的貢献を実感する瞬間があります。「あなたのおかげで会社が未来につながった」という言葉は、コンサルタントにとって最大の達成感を与えるものです。また、譲受企業の成長を見守ることで、自分のサポートがその成功に貢献したことを実感し、仕事の意義がさらに深まります。

M&Aは一生に一度あるかないかの特別な経験であり、その成約の瞬間に立ち会うことで顧客と感動を共有することができる貴重な体験です。コンサルタントは単なる仲介者にとどまらず、顧客の経営課題を解決し、企業の未来を左右する重要な役割を担います。自身の知識と経験が顧客にとってかけがえのない価値を生むことから、この仕事は強い責任感とやりがいを生み出します。

コンサルタントは、企業の成長や再編、事業承継を支援するスペシャリストとして、経済や社会全体に貢献する職業です。関わる案件が広範な社会的影響をもたらすことこそ、この仕事の最大の魅力であり、やりがいとなっています。

成果に応じた報酬を得たい

M&A業界は、他の業界と比較しても報酬水準が高いことで知られています。その背景には、M&Aが求めるスキルや専門知識の多様さ、そして高度さがあるからです。コンサルタントは、単に企業の売買を仲介するだけでなく、企業の成長戦略や事業承継といった経営課題を解決する役割を果たします。そのため、ファイナンス、会計、法律、マーケティングなど幅広い分野に精通する必要があります。

専門知識以外にも、コンサルタントには、交渉力やリーダーシップ、複雑な状況に柔軟に対応する力が求められます。顧客である企業の経営者との直接的な交渉や調整が必要になる場面も多く、対人コミュニケーション能力や信頼を築くスキルも不可欠です。こうしたスキルを兼ね備える人材は限られていることから高報酬となっているのです。

また、M&A業界の大きな特徴のひとつとして、その報酬制度が挙げられます。多くのM&A仲介会社では、案件の成約金額に応じて報酬が支払われるインセンティブ制度を採用しており、成約した案件に応じて高額な報酬を得ることが可能です。この仕組みは、年齢やキャリアに関係なく、成果を上げた分だけ正当に評価されるという、非常に成果主義の強い環境を提供しています。

なかでも、当社の報酬制度は業界内でも特に高水準である点が大きな魅力です。これにより、優れた成果を出すコンサルタントが大きな報酬を得るチャンスが広がり、高いモチベーションを持って業務に取り組むことができます。

M&A業界の報酬制度は、固定給や年齢、在籍年数に縛られないため、若手でも高額な報酬を手にすることが可能です。他業界では若い段階でこれほどの責任や報酬が与えられる機会は少ないため、挑戦を求めるビジネスパーソンにとってM&A業界は非常に魅力的なフィールドとなっています。

このような環境だからこそ、常にスキルを磨き、成功に向けて努力を惜しまない人材が集まっています。M&A業界では、単に案件をこなすだけでなく、自己成長と成果がダイレクトに報酬に反映されるという非常に明確なフィードバックがあるため、自己啓発に積極的な人にとって理想的な職場となっているのです。

もしあなたが、より大きな裁量権を持ち、高い報酬を得ながら自己成長を追求したいと考えているなら、M&A業界はそのすべてを実現できる場所であるのは間違いありません。

M&Aコンサルタントのキャリアは無限大

コンサルタントとして企業の分析、買収スキームの立案、譲渡企業・譲受企業双方との交渉、デューディリジェンスなどの経験を積むことで専門性を培うことができれば、プロの経営者として自ら起業することもできますし、関係業界からのヘッドハンティングなども期待できます。

人生100年時代となり、定年を70歳に延長する企業も出てきました。長い一生をいかに過ごすか、主体性をもって人生を設計・選択したいものです。コンサルタントとして目いっぱい働き、早期リタイアを目指す方もいます。

コンサルタントとして成功するには、財務、法務、税務、担当する業界に関する深い知見と共に、何事も最後までやりきるタフな精神力が要求されます。しかし、日々の研鑽と努力によってこれらを身につけさえすれば、金銭的な充足感、スキルアップ、幅広い人脈の形成も得られます。また、一流のビジネスパーソンとして、ファンド、コンサル、投資家、大企業の重要ポストなど、様々な人生の選択肢が増えることになります。

M&A業界の可能性

国内市場で数少ない成長産業がM&A業界

日本には400万社以上の企業があり、その90%を中堅・中小企業が占めています。これらの企業は日本経済を支える一方、少子高齢化による後継者不足という深刻な課題に直面しています。このため、M&Aによる企業統合や再編が、事業継続の重要な手段となっています。

M&Aの需要が高まっている背景には、2023年に企業倒産件数が8497件に達し、前年から33・3%の増加を記録したことがあります（帝国データバンク倒産集計2023年）。人手不足や人件費の高騰、マイナス金利解除などが倒産増加の要因とされ、2024年にはさらに増加することが予測されています。

一方で、先述の通り、日本企業が関与したM&Aの件数は近年大幅に増加しており、事業承継や再編、技術革新、グローバル化への対応といった多様なニーズに支えられ、成長を続けています。

M&Aは後継者問題の解決策としても有効で、技術革新や市場の変化にも迅速に対応できる手段です。政府も税制優遇や制度整備を通じてM&Aを推進し、企業成長を後押ししています。

M&Aが社会に貢献すること

◎企業の成長促進

M&Aは企業が新たな事業分野へ進出し、既存事業を拡大するための迅速な手段です。これにより、競争力を強化し、事業成長を加速させ、新たな雇用を生み出します。

◎事業再編の加速

不採算事業や非核心事業の売却により、経営資源を効率的に再配分し、企業の収益性を向上させます。これにより、持続可能な競争力を持つ企業体制を築けます。

◎経済活性化

M&Aは企業間の投資を活発化させ、雇用創出や地域経済の活性化に寄与します。特に後継者不足に悩む中小企業がM&Aを通じて事業を譲渡することで、地域経済の持続性が確保されます。

◎事業承継問題の解決

後継者不在の中小企業にとって、M&Aは事業承継の有力な手段です。これにより、企業の存続が確保され、地域社会における雇用と経済活動の維持が可能になります。特に後継者問題が深刻な業界では、この解決が急務となっています。

コンサルタントのキャリアは、成長産業の中で多岐にわたるスキルを身につけることができ、成長の実感や報酬面での満足度を高める魅力的な選択肢です。豊富な経験を積むことで、長期的なキャリアの発展にも大きく寄与します。

第2章

M&A業界でfundbookが選ばれる理由

なぜ、ｆｕｎｄｂｏｏｋが生まれたか？

創業のきっかけと現在

株式会社ｆｕｎｄｂｏｏｋは、２０１７年８月に前代表の畑野幸治が自身の株式譲渡経験から得た教訓をもとに、理想的なＭ＆Ａを実現するために設立されたＭ＆Ａ仲介会社です。社名の「ｆｕｎｄｂｏｏｋ」には、企業の成長に必要な「資本（ｆｕｎｄ）」を一冊の「本（ｂｏｏｋ）」のように連ね、経営者の成功を支援するサービスを提供したいという想いが込められています。

当社は現在、**「気軽にＭ＆Ａの相談ができて、安心してＭ＆Ａが選択できる新しい世界を創出する」**をパーパスとして掲げ、独自のビジネスモデルでＭ＆Ａ仲介事業を展開しています。

畑野は、自身の株式譲渡において複雑な手続きや情報格差による困難を経験し、透明で公正なM&Aの仕組みが必要であると痛感しました。この信念がfundbookの原動力となっています。

また、当社はテクノロジーとセールスを統合したM&Aプラットフォーム「fundbook cloud」を開発・運用しています。このプラットフォームにより、従来のM&A仲介サービスにおける非効率性や不透明性を解消し、より効率的で透明性の高いサービスを提供しています。

「fundbook cloud」は、M&Aにおけるマッチングのプロセスを効率化し、コンサルタントが顧客への提案やサポートに集中できる環境を整備。これにより意思決定の迅速化と、M&Aの信頼性の向上を実現しています。さらに、ソーシングやマッチング、エグゼキューションなどの各フェーズにおいてコンサルタントが最大限のパフォーマンスを発揮できるよう、専門チームによる強力なサポート体制を構築し、顧客への高い付加価値の提供を可能にしています。

この取り組みにより、顧客に利益をもたらすだけでなく、コンサルタントにとっても多くの実務経験を積む機会が増え、最速でプロフェッショナルなコンサルタントを育成できる体制を整えています。

そして、2024年4月には、本書の著者である森山智樹と渡邊和久が代表取締役に就任し、新たなリーダーシップのもと、さらなる事業拡大とサービスの質向上を目指しています。

M&A業界の現状とfundbookの役割

第1章でも述べた通り、近年、少子高齢化や後継者不足といった社会的課題に直面する日本企業にとって、M&Aは事業承継や企業成長を実現する有力な手段として注目されています。

特に中堅・中小企業では、経営者の高齢化により後継者問題が深刻化しており、M&Aを通じた事業承継が重要な選択肢となっています。しかし、M&Aに対する社会的認知度は依然として十分ではなく、多くの経営者がM&Aに対して不安や抵抗感を抱いています。

この背景には、M&Aのプロセスが複雑で専門的な知識が必要とされることや、M&Aの経験者が身近にいないことで実態を把握できず、仲介会社を探したとしても、信頼できるコンサルタントを見つけるのが難しいという現実があります。中堅・中小企業の経営者にとって、M&Aは「未知の領域」であり、誤った選択が企業の未来を左右する可能性があるため、大きなプレッシャーを感じることも少なくありません。このような理由から、M&Aへの取り組みに消極的な経営者も多く見られます。

そこで当社では、このような悩みを抱える経営者に対し、気軽に相談でき、安心してM&Aを検討できる環境の提供を目指しています。**「気軽にM&Aの相談ができて、安心してM&Aが選択できる新しい世界を創出する」**というパーパスは、まさにこうした課題に応えるためのものです。属人的な要素や恣意的な判断を排除し、公正で透明性の高いマッチングプロセスを通じて、質の高いM&A仲介サービスを提供し、顧客が納得できるM&Aの実現をサポートしています。

なぜ、fundbookに人が集まっているのか？

分業とDXにより、効率よく営業活動ができる

48ページの図に示す通り、当社では分業体制とデジタルトランスフォーメーション（DX）の融合を積極的に推進しています。これは、従来のM&A仲介を革新する先進的で合理的なアプローチです。この取り組みが多くの同業コンサルタントや異業種からの応募者を惹きつけている理由でもあります。DXへの取り組みは、あらゆる業界で不可欠ですが、M&A業界において、当社ほど意識的に取り組んでいる会社は他にはないでしょう。

　また、従来のＭ＆Ａでは、コンサルタントが案件全体を一人で担当することが一般的でしたが、当社では各専門チームが明確に役割を分担しています。Ｍ＆Ａ推進本部には「企業評価部」と「企業情報部」があり、企業評価部は案件の詳細な分析を行い、企業情報部は情報収集や候補企業の選定を通じて最適なマッチングを提供しています。

　さらに、Ｍ＆Ａコンサルティング本部は「ソーシング」から「エグゼキューション」までを一貫してサポートし、企業情報部や企業評価部、コーポレートアドバイザリー部などの専門チームが横断的に関わることで、プロセス全体の効率化と品質の再現性を担保しています。テクノロジー戦略部とマーケティング戦略部は最新技術の導入と市場戦略の最適化を担当します。また、法務部は各フェーズにおける法的支援を提供し、迅速かつ的確な対応をサポートしています。

　加えて、当社開発のＭ＆Ａプラットフォームである**「fundbook cloud」**は、従来の仲介業務で発生していたマッチングの煩雑さや非効率性を大幅に改善します。譲渡案件の検索・閲覧だけでなく、オンラインでの企業概要書（ＩＭ）の閲覧、ＡＩによる譲受ニーズに沿った譲渡案件の提案、各種契約の申請といった、マッ

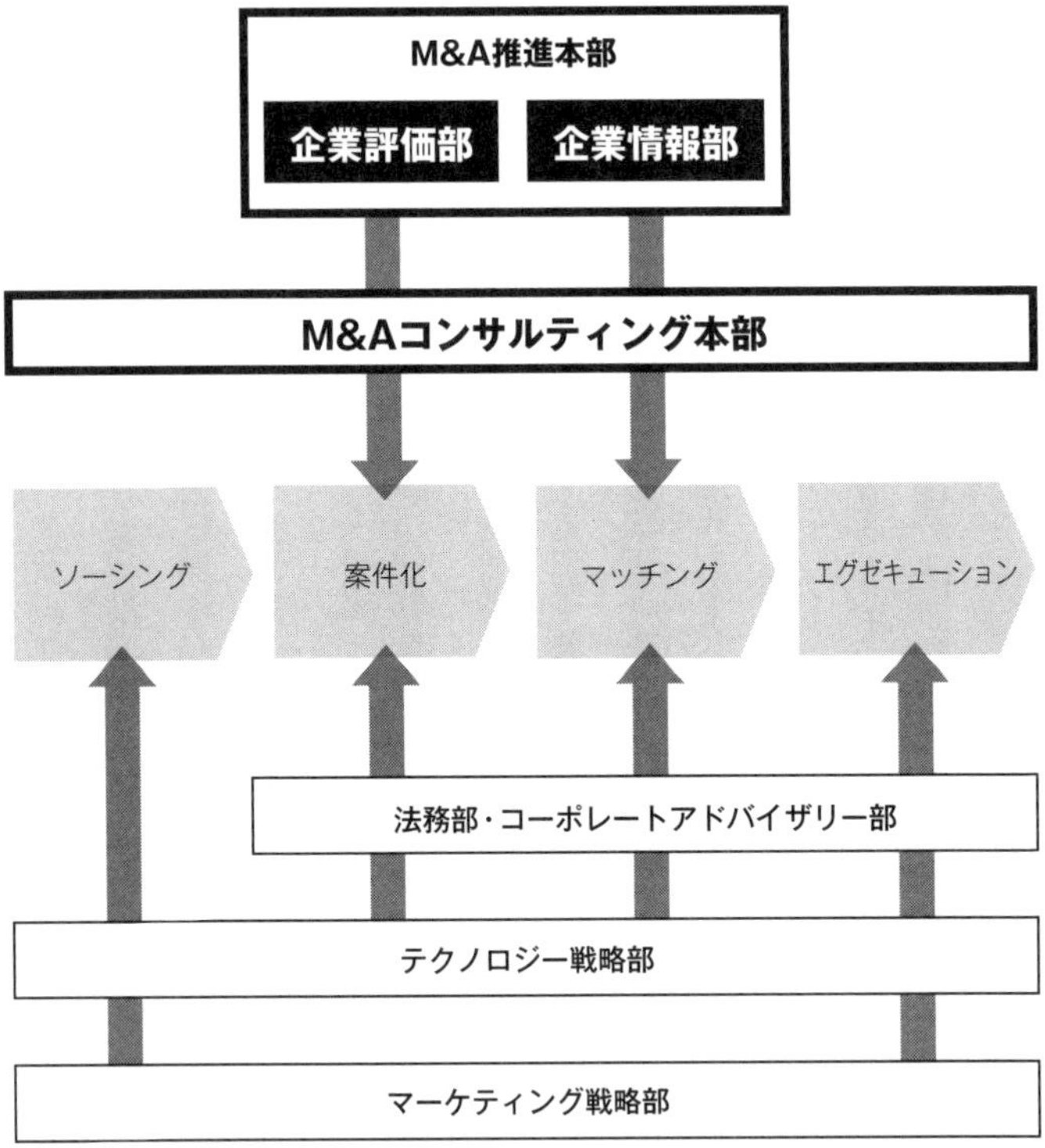
M&A推進本部
企業評価部
企業情報部
M&Aコンサルティング本部
ソーシング
案件化
マッチング
エグゼキューション
法務部・コーポレートアドバイザリー部
テクノロジー戦略部
マーケティング戦略部

チングにおいて必要な様々な機能を備えています。これらのツールを活用することにより、顧客に対する対応力は飛躍的に向上しています。

そのため、コンサルタントは、単なる仲介者ではなく、顧客と共に未来を築くパートナーとして、より高い付加価値を提供できる存在となります。コンサルタントが顧客により多くの時間を割き、質の高いサービスに専念できる環境を整えることが会社としての使命と考えています。

この分業体制とＤＸの融合により、Ｍ＆Ａ業界の常識を打ち破り、顧客の期待を超える成果を提供する。そして、**「気軽にM&Aの相談ができて、安心してM&Aが選択できる新しい世界を創出する」**ことが、究極の目的です。

一気通貫、両手ディールで顧客対応することで、早期に深いM&Aコンサルタントの経験が積み上げられる

当社の**「一気通貫型」アプローチと「両手ディール」は、他のM&A仲介会社では**

あまり見られない独自の特徴といえます。

一般的なM&A仲介会社では、案件のプロセスにおいて、譲渡企業と譲受企業で担当者が分かれる体制を敷いています。それゆえ、コンサルタントは一部の担当や業務にしか関与できません。

しかし、当社では、譲渡企業と譲受企業の双方に対し一貫して、一人のコンサルタントがディール（取引）の最初から最後まで関与し、案件の発掘から成約に至るまでの全プロセスを主導します。とはいえ、後述しますが、各取引フェーズごとに専門メンバーがバックアップする体制を整えているのも、当社の強みとなっています。コンサルタントは、**最前線で顧客に向き合い、プロデュースする立場**と想像してください。

こうした一貫した対応に集中できる環境を整えているからこそ、コンサルタントは短期間で深い実務経験を積み重ね、早期に高度なスキルを習得できます。M&Aの全プロセスに関与することで、顧客のニーズを的確に把握し、プロセスの各段階で迅速かつ柔軟に対応する力が養われます。これにより、顧客との信頼関係が深まり、案件の成約率が飛躍的に高まるのです。

他のM&A仲介会社が採用する譲渡企業側・譲受企業側の担当制に比べ、当社の体制は**コンサルタントの成長スピードと顧客への付加価値提供において圧倒的な優位性**を誇ります。また、一気通貫での対応と両手ディールの実践が、当社のM&Aサービスを一歩先へと導く要因となっています。

既得権益やしがらみなどがなく、教え合うフラットなカルチャーである

フラットで協力し合うカルチャーは、既得権益に縛られたM&A業界の風潮を一新するものです。従来のM&A業界では、経験者やベテランが既存顧客を囲い込み、情報やノウハウが共有されにくい状況が見受けられることがありました。当社ではそのような縦割りの組織や固定された権限を排除し、コンサルタント同士が知識や経験を自由に交換する文化を作るよう組織を構築しています。このオープンな環境により、コンサルタントは業務を進める上でのヒントやノウハウを仲間と共有し、迅速で柔軟

な対応が可能となっています。

さらに、財務、税務、法務、マッチングなど各分野の専門チームがサポートを提供し、複雑な案件にもスムーズに対応できる体制を整えています。これにより、コンサルタントは顧客対応や戦略的交渉に集中できる環境が構築されており、業務効率と案件成約率の向上に貢献しています。

このフラットなカルチャーと充実したサポート体制は、新人や異業種からの転職者にとっても大きなメリットと映っているようです。経験豊富なコンサルタントや専門チームが後進を積極的にサポートし、早期に豊富な実務経験を積める環境が整っています。全員が学び合う姿勢を持つことで、個々のスキルアップが組織全体のレベルアップにつながり、顧客に対するサービスの質も向上します。ノウハウを独占せず、全員が知識を共有し合う文化が、コンサルタントの成長と顧客満足の両方を支える重要な要素となっているのです。

インセンティブ設計が魅力的である

Ｍ＆Ａ仲介業界全般にもいえますが、成果を正当に評価され、それを報酬としてダイレクトに還元するインセンティブ制度があることは、他に類を見ないこの業界ならではの魅力です。合理的な評価を望むビジネスパーソンが集う背景には、そんな理由があります。

なかでも、**当社は、業界でも高水準のインセンティブ料率**を誇ります。成果に応じた報酬が確実に支払われる仕組みが、コンサルタントのモチベーションを引き出し、高いパフォーマンスを継続的に発揮させる原動力となっています。

Ｍ＆Ａ仲介会社によってインセンティブの料率は異なりますが、当社では特に優れた成果を上げたコンサルタントが、努力にふさわしい報酬を手にする環境を提供しています。例えば、事業法人第一部の昨年度の平均年収は約５５７０万円に達し、入社２〜３年で年収１億円を超えるコンサルタントが誕生しているのはその証です。短期間で大きな報酬を手にできる仕組みは、成長への強力なドライバーとなり、コンサルタントの可能性を一気に広げます。

さらに、成果を公平に評価するこの制度があるからこそ、コンサルタントは常に自らの限界を突破することが求められます。透明性の高い評価に支えられ、個々が高い目標に向かいながらスキルと知識を磨き続ける姿勢を保つ。そのような自己実現を追求できる環境がキャリアアップを後押しし、プロフェッショナルとしての新たな地平を切り拓く足場を築きます。

常識や組織の枠にとらわれず、自らの実力を正当に評価されたいと望む者にとって、M&A業界、そして当社は他にはない挑戦の舞台です。

局所で社内専門家たちのサポートが受けられ、未経験でも質の高いサービスが提供できる

当社では、**未経験者でも質の高いサービスを提供できるよう、各分野に精通した社**

内専門家たちのサポート体制が充実しています。公認会計士や税理士、司法書士など、各分野のプロフェッショナルが社内に在籍しており、コンサルタントは必要に応じてこれらの専門家から直接支援を受けることができます。このサポート体制により、複雑な財務や法務の問題に対しても迅速かつ的確に対応し、顧客に対して高いレベルのサービスを提供することが可能です。

特に、未経験者や新人にとって、このサポート体制は大きな強みとなります。専門家たちがバックアップすることで、実務経験が浅い段階でも安心して業務に取り組むことができ、案件を通じて着実にスキルを磨くことができます。また、各分野の専門家からのサポートを通じて、具体的な案件を進めながら学び、実践的な知識を身につける機会を得られるため、コンサルタントとしての成長スピードも加速します。

このような体制が整っているため、経験の有無に関わらず、すべてのコンサルタントが顧客に対して高品質なサービスを提供できる環境が構築されています。

なぜ、fundbookは顧客に選ばれるのか？

コンサルタントが迅速かつ豊富な実務経験を積むためには、「顧客に選ばれる会社」であることが不可欠です。

当社では、顧客に高品質なサービスを提供するために、独自の事業モデルと社内体制を整備しています。

本項では、その取り組みについてご紹介します。

マッチングの可能性を最大化する「ｆｕｎｄｂｏｏｋ ｃｌｏｕｄ」

「ｆｕｎｄｂｏｏｋ ｃｌｏｕｄ」は、**M&Aにおけるマッチングのプロセスを効率化し、透明性を高めるために設計された革新的なM&Aプラットフォーム**です。

テクノロジーを活用し、従来の仲介業務における非効率性や不透明性を解消することで、迅速かつ信頼性の高いM&Aプロセスを実現します。

このプラットフォームは、譲渡企業や譲受企業にとっても非常に有益であり、私たちが伴走者として選ばれる大きな理由のひとつです。

まず、M&Aに伴う煩雑な手続きや事務作業の負担を大幅に軽減できる点が挙げられます。企業情報の整理や契約書作成などの作業には多くの時間と専門知識が必要ですが、「ｆｕｎｄｂｏｏｋ ｃｌｏｕｄ」では、譲渡案件の検索・閲覧機能、オンライン上での企業概要書（IM）閲覧機能や各種契約の締結リクエスト機能を活用し、これらの作業を効率的に進めることが可能です。その結果、顧客は煩わしさを感じることなく、迅速にM&Aを進められます。

さらに、AIを活用したマッチング技術により、コンサルタントでは思いもよらない譲渡先や譲受先を見つけることができます。従来のM&Aでは、候補先のリスト作成や事前調査に多くの労力がかかっていましたが、「fundbook cloud」では膨大なデータから譲受ニーズに応じた最適な相手を自動で特定・提案できるため、プロセス全体が大幅に短縮されます。この迅速なマッチングにより、取引の成功率が向上し、顧客は次のステップへ安心して進むことができます。

「fundbook cloud」はこれらの機能を通じて、顧客の負担を大幅に軽減し、効率的で透明性の高いM&Aプロセスを提供します。手続きの簡素化、迅速な情報共有、リスク管理の強化といったメリットが、多くの顧客から信頼され、選ばれる理由となっています。

「ハイブリッド型マッチングモデル」とは？

当社は、従来のM&A仲介手法が抱える課題を克服するため、「ハイブリッド型マッチングモデル」を採用しています。

このモデルは、アドバイザリー仲介型のきめ細やかなサポートと、プラットフォーム型の広範なマッチング機会を組み合わせたもので、精度の高いマッチングを実現します。これにより、従来の方法では見つけにくかった理想的な譲渡先・譲受先を効率的に探し出すことが可能です。

具体的には、日本全国約２万５０００社の譲受候補企業データベースを活用し、譲渡企業の希望条件に合致する候補先をまずリストアップします。その後、「ｆｕｎｄｂｏｏｋ ｃｌｏｕｄ」を用いたオープンマッチングと、マッチング専門チームであある企業情報部のきめ細やかなサポートを組み合わせ、あらゆる可能性を追求して最適な相手を見つけ出します。テクノロジーの力と人間の洞察力を最大限に活用すること

〈従来のマッチング〉

候補先企業は**コンサルタント個人**の
経験やネットワークに依存する

〈fundbookのマッチング〉

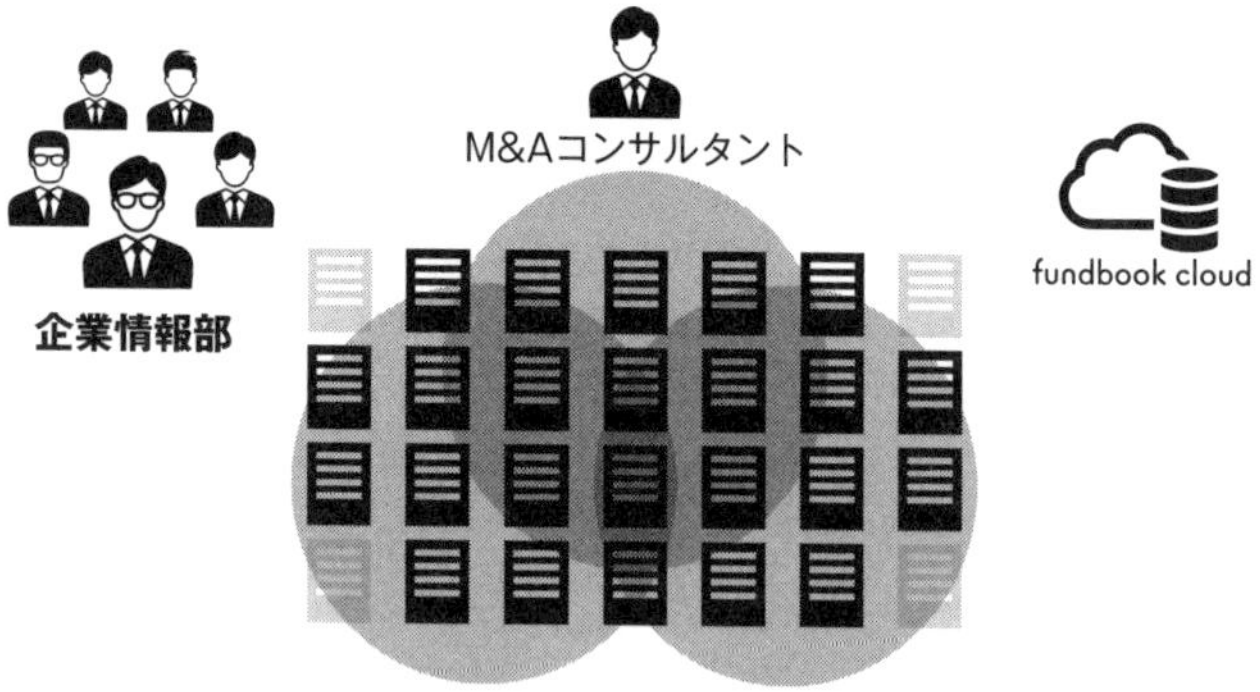

属人的なマッチングに
プラットフォームを掛け合わせて
あらゆる可能性を追求

で、精緻で効率的なマッチングを実現しています。

このハイブリッド型マッチングモデルは、単なるマッチングにとどまらず、成約に至るまでのプロセス全体を包括的にサポートします。案件の進行状況をリアルタイムで把握し、適切なタイミングで戦略的な提案を行うことで、交渉がスムーズに進むよう促進されます。さらに、多数の譲受候補からオファーを募ることで、譲渡企業の市場価値を高め、より有利な条件での取引が可能になります。

このアプローチによって、異業種間のマッチングも可能となり、企業の成長や事業の多角化を促進する新たなビジネス機会が提供されています。

プラットフォーム型	その他支援機関
プラットフォーム	仲介提携先の 仲介事業者が行う場合あり
小規模事業者のM&Aなど	小規模～中堅・中小企業同士、 大企業とのM&Aなど
× プラットフォーム提供のみ	△ サポートは専門家ではない場合あり
◎ 日本全国・あらゆる業種	△ 紹介される案件数は限られる
△ ノンネームシート	× 概要のみ
△ 掲載企業が自ら作成	○ アドバイザーが作成

	アドバイザリー仲介型	fundbook
事業モデル	仲介	仲介＋プラットフォーム
対象	中堅・中小企業同士、大企業との M&Aなど	中堅・中小企業同士、大企業とのM&Aなど
専門家のサポート	◎ 成約までサポート	◎ 成約までサポート
案件情報の多様性	△ 紹介される案件数は限られる	◎ 日本全国・あらゆる業種
資料のオンライン公開	× 提供のみ	◎ ノンネームシート/企業概要書（IM）
案件情報資料の質	○ アドバイザーが作成	◎ 数十ページの詳細資料を専門チームが作成

「ハイブリッド型マッチングモデル」が実現した意外なマッチング

前述したように、当社では、譲渡企業からお預かりした情報を「ｆｕｎｄｂｏｏｋ ｃｌｏｕｄ」に掲載し、日本全国の候補先企業に対してオファーを募る体制を整えています。これにより、同業者間でのＭ＆Ａだけでなく、コンサルタントでも想像できないような予想外の異業種間Ｍ＆Ａが実現しています。

以下に、異業種間Ｍ＆Ａの成約事例をいくつかご紹介します。

その１　**【農業×運送業】**

この事例は、運送業者が売上成長中の玉ねぎ農家を譲受したものです。通常、玉ねぎ農家の買い手としては、食品加工会社や大規模な農業経営者が想定されますが、このケースでは、生鮮食品の運搬を専門とする運送業者が譲受を行いました。国内農業の先細りが懸念される中、生鮮食品の運搬ノウハウを活かし、農業の川上から川下までのサプライチェーンを確保することを目的とした異色のＭ＆Ａが実現しました。これは、農業と物流を一体化させることで、持続可能な農業支援と事業の拡大を図る新たなビジネスモデルの確立を目指したものです。

その２　【リフォーム工事×介護】

こちらのケースは、上場企業である介護事業者が「ｆｕｎｄｂｏｏｋ ｃｌｏｕｄ」を通じてリフォーム工事事業者を譲受した事例です。この介護事業者は福祉用具の販売も行っており、高齢者の自宅に手すりを取り付けたり、スロープを設置するリフォーム工事も手掛けていました。このＭ＆Ａにより、介護事業者は、リフォーム工事事業者の顧客の７割を占めるシニア層に対する福祉用具レンタル事業の拡張が可能となり、一方でリフォーム工事事業者にとっては、介護事業者からのＩＴ基盤提供を受け、受注の増加が期待できるといった双方にメリットのある異業種間のＭ＆Ａです。このようなシナジー効果により、新たな市場への進出と業務の拡大が期待されます。

その3　【青果卸売業×貨物輸送】

ある青果卸売業者は、小売業者の大型化や燃料費の高騰などの影響を受け、今後の経営に不安を抱いていました。さらに、60歳を超えたこの会社の社長には後継者がいなかったため、会社の存続と持続的な成長のためにM&Aの検討を始めました。候補先としてマッチングしたのは運送業者でした。異業種ではあるものの、運送コストの削減と取引先の拡大という双方にとってのメリットに加え、協業による新規事業の創出など、シナジーが見込まれるマッチングとなりました。M&A成約後、両社の強みを活かし一体となって発展していくことが期待されます。このような異業種間のM&Aは、企業の未来を切り拓く新たな可能性を示す成功事例となっています。

このように、当社の「fundbook cloud」を活用した異業種間M&Aは、企業の成長と事業の多角化を促進し、さらなるシナジー効果を生み出しています。

各業界に精通した業界特化チーム

当社には、多数の業界に特化したチームが編成されており、各チームはそれぞれの業界における深い知識と豊富な経験を持つメンバーで構成されています。

M&Aは単なる企業の結びつきではなく、異なる文化やビジネス慣習を融合させる複雑なプロセスです。そのため、各業界特有の環境や課題を深く理解した業界特化チームが、精緻で的確なアドバイスを提供し、最適なM&A戦略を提案しています。これらのチームには、その業界での豊富な成約実績を持つコンサルタントや、関連する資格を取得した業界出身者が在籍しています。

さらに、業界専門メディアへの寄稿や講演活動を行う専門家も加わっており、最新の市場動向や業界特有のニーズに精通しています。これにより、顧客の要望に合わせてカスタマイズされたM&A戦略が提供され、業界特有の課題に対する的確な対応が可能となっています。

また、業界特化チームは常に市場の変化を追跡し、最適なタイミングでM&Aを進めるための戦略的な提案を行います。このアプローチにより、チャンスを逃さずに取引の成功率を高めることができるほか、リスクを最小限に抑えるための具体的な対策も講じ、安心してM&Aプロセスを進められる体制が整えられています。

こうした高度な専門性を持つサポート体制が、大きな強みとして信頼を集めている要因のひとつです。各業界の専門家が集結し、顧客の成長を支えるM&Aを推進することで、新たな価値創造が実現されています。この点が、顧客に選ばれている理由です。

士業専門家による万全なサポート

コンサルタントの成功を強力に後押しするため、公認会計士、税理士、司法書士といった士業専門家が一丸となり、鉄壁のサポート体制を築き上げています。財務、会計、法務のあらゆる分野に精通したエキスパートたちは、その専門知識と実務経験を駆使して、複雑な業務に正確かつ迅速に対応します。これにより、コンサルタントは顧客対応や戦略的な交渉に全力を注ぎ、まさに**「最強のパートナー」として機能**します。この体制が生み出すのは、圧倒的な意思決定のスピードと精度、そして質の高いサービスが常に提供されるという信頼感です。

士業専門家の支援によって、リスク管理や契約書作成などの重要業務が驚くほど迅速かつ正確に処理されます。特に、法的リスクの最小化と契約内容の最適化においては、顧客の利益を最大限に守り抜く防波堤として機能し、予期せぬトラブルを確実に回避します。さらに、財務戦略や税務対策にも鋭い洞察力を発揮し、取引の成功率を劇的に高めるサポートが提供されています。これにより、顧客は安心して複雑なM&Aプロセスに踏み出すことができるのです。

さらに、士業専門家による継続的な教育とアドバイスは、コンサルタントのスキルを飛躍的に向上させ、提供されるサービスのクオリティを絶えず高めています。最新の知識を身につけたコンサルタントたちは、複雑で予測不可能な案件にも迅速かつ柔軟に対応する準備が整っており、特にM&A初心者の経営者にとっては、この体制が

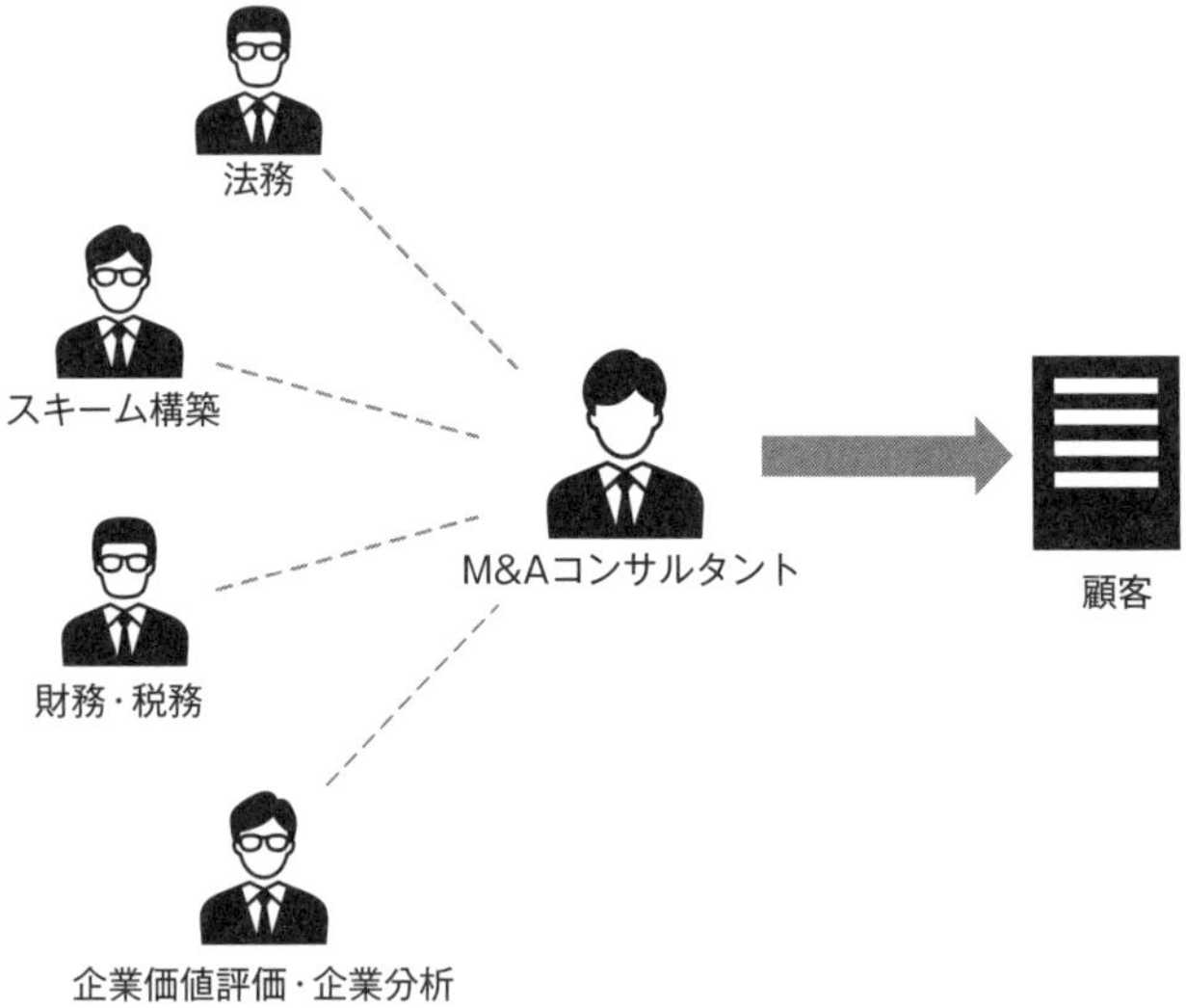
法務
スキーム構築
M&Aコンサルタント
顧客
財務・税務
企業価値評価・企業分析

大きな安心感をもたらします。この強力なサポート体制こそ、当社が顧客から圧倒的な信頼を勝ち取っている要因となっています。

完全成功報酬制

当社は、顧客の利益を最優先に考え、完全成功報酬制※を採用しています。この制度では、M&Aが成約した場合にのみ費用が発生し、着手金や中間金は一切発生しません。これにより、顧客はコンサルタントの能力や案件の進行状況に不安を感じることなく、安心してM&Aに取り組むことができます。

完全成功報酬制の最大のメリットは、顧客にとってリスクの少ない報酬体系を実現している点です。M&Aプロセスには多くの不確実な要素が含まれ、成功までの道のりが不透明であることも多いですが、この制度では、成約しない限り費用が発生しないため、顧客は安心してプロセスを進めることが可能です。

完全成功報酬制は、**顧客第一主義を徹底した仕組み**の象徴であり、顧客との信頼関係を築きながら、理想的なM&Aを追求するための強力なサポート体制です。この制度により、コンサルタントは顧客の利益を最優先に考え、案件の成約に向けて全力で取り組むことが求められています。また、報酬の発生条件が明確なため、業務の質と成果に対する責任がより明瞭になり、常に顧客の期待に応える体制が整っています。

この仕組みは、単に報酬を得るためのものではなく、顧客の成功を自らの成功と捉え、共に歩むパートナーとしての関係を強化するものであり、結果として当社が多くの顧客から信頼を集める理由のひとつとなっています。

※着手金、中間金、月額報酬が発生しない報酬体系を「完全成功報酬制」といいます。
※お客様との合意により別途、組織再編手続き等の費用が発生する場合があります。
※お客様との合意により中間金が発生する契約形態を選択する場合があります。

コンプライアンス（法令遵守）体制

ビジネスの持続可能性を確保するため、コンプライアンス（法令遵守）は経営において極めて重要な課題です。企業が社会的責任を果たし、法令や倫理を遵守することは、顧客やステークホルダーからの信頼を維持し、持続的な成長を遂げるために不可欠です。

私たちは、全社的に強固なコンプライアンス体制を構築し、役員やコンサルタントが高い倫理基準に基づいて公正な企業活動を実践できるよう、様々な取り組みを行っています。具体的には、社内規程やマニュアルの整備、違反行為を未然に防ぐための監視体制の強化、定期的なコンプライアンス研修の実施、そして内部通報窓口の設置など、多角的な対策を講じています。

このコンプライアンス体制は、単なる法令遵守にとどまらず、企業の持続可能な成長を支える重要な基盤と位置付けられています。

こうした取り組みを通じて、顧客やステークホルダーとの長期的な信頼関係を構築し、安心して取引を進めていただける環境を提供します。これにより、さらなる高付加価値を提供し、持続的な企業の成長と信頼を支えていきます。

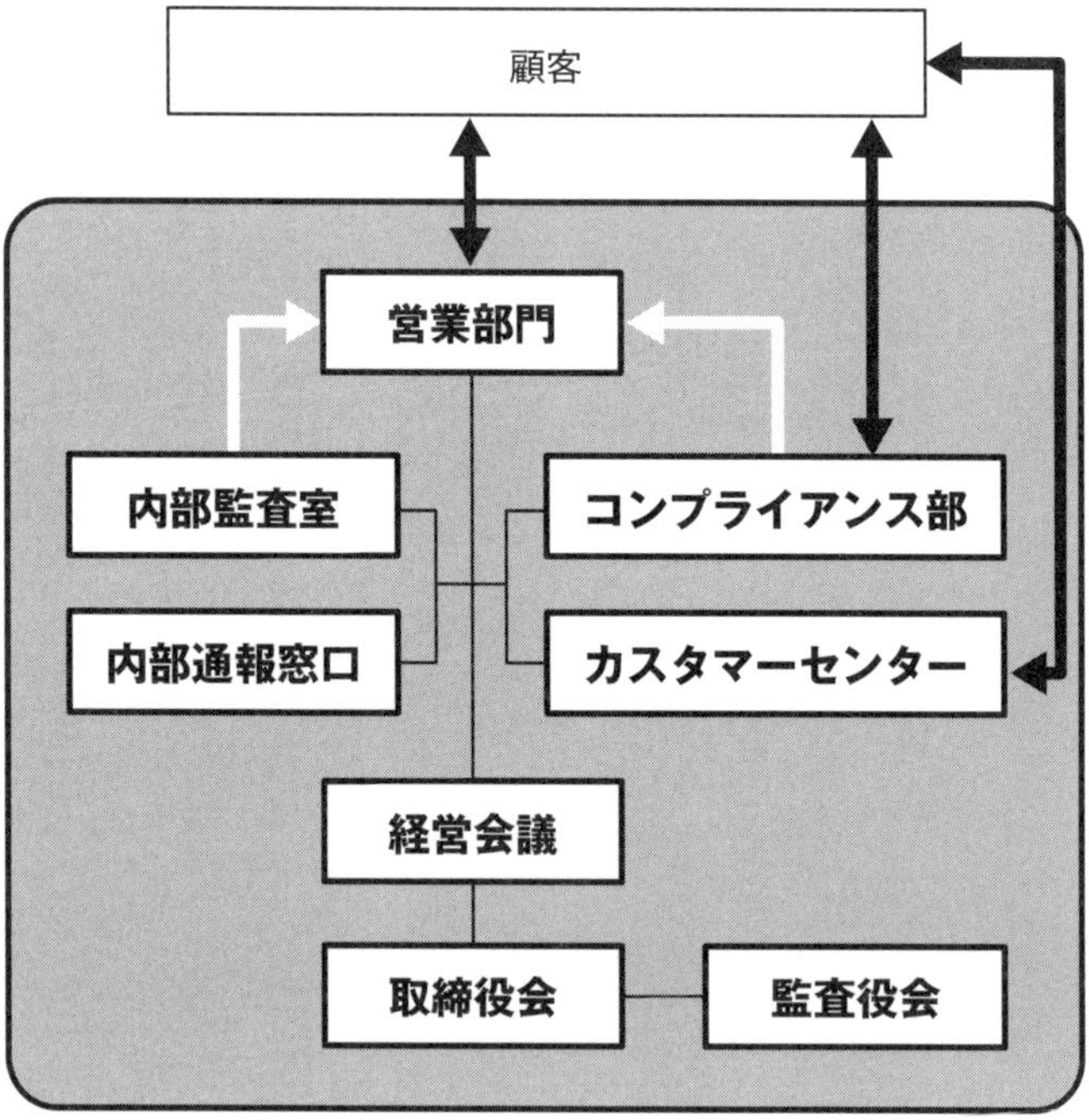
顧客
営業部門
内部監査室
内部通報窓口
コンプライアンス部
カスタマーセンター
経営会議
取締役会
監査役会

なぜ、fundbookでは未経験者が早期に活躍できるのか？

M&Aコンサルタントの稼働効率を徹底的に追求した仕組みづくりで、顧客対応に集中できる

繰り返しにはなりますが、当社ではコンサルタントがその専門性を最大限に発揮し、顧客対応に専念できる環境を整えるため、効率的な仕組みを徹底的に構築しています。特に、分業体制とデジタルトランスフォーメーション（DX）を融合させることで、コンサルタントの業務負担を大幅に軽減し、より高品質なサービスの提供を実現しています。

各専門チームは、プロセスや領域ごとの深い知識と豊富な経験を持ち、コンサルタントを強力にサポートします。これにより、コンサルタントは顧客との関係構築や戦略的な交渉に集中でき、顧客のニーズに対して迅速かつ的確に対応できます。

また、最新のテクノロジーを駆使した「ｆｕｎｄｂｏｏｋ ｃｌｏｕｄ」は、オンライン上での企業概要書（ＩＭ）の閲覧や各種契約の申請などといった機能を提供し、事務作業を効率化。これにより、コンサルタントが煩雑な作業から解放され、顧客に対する提案やサポートに集中できる環境が整っています。

さらに、「一気通貫」型アプローチにより、コンサルタントは譲渡企業と譲受企業の双方に一貫して関与し、短期間で豊富な実務経験を積むことが可能です。これに加え、成果に応じたインセンティブ制度や専門チームからのバックアップが、コンサルタントの成長を加速させ、早期に成果を上げられる体制をサポートしています。

このような分業体制とテクノロジーの活用、そして一貫したアプローチにより、コンサルタントが顧客対応に専念できる最適な環境が整えられており、業界での早期活躍を実現しています。

業界随一のプロを育てる教育体制

①トレーニングキャンプ

コンサルタントを業界随一のプロフェッショナルに育成するため、徹底した教育体制を整えています。その中心となるのが**「トレーニングキャンプ」**です。このプログラムは、入社直後からコンサルタントとして必要な知識やスキルを集中的に学ぶ場であり、短期間で実務に必要なノウハウを習得することを目的としています。

トレーニングキャンプでは、M&A業務の基礎から高度な専門知識までを幅広く学ぶことが可能です。法務、税務、財務といった基礎的な知識はもちろんのこと、顧客との高度なビジネスコミュニケーションスキルや、案件を成功に導くための戦略的アプローチ方法までをカバーしています。特に、実際の案件をシミュレーションすることで、リアルな現場感覚を養い、即戦力としてのスキルを磨くことができます。

このプログラムは、新人コンサルタントが短期間で多くの実務経験を積めるよう設計されており、実践的な学習が中心となっています。例えば、ケーススタディやロールプレイを通じ、実際の案件に近い状況でトレーニングを行い、リアルな意思決定や問題解決のスキルを磨きます。また、経験豊富な先輩コンサルタントや専門チームからの個別指導が行われるため、新人でも安心して取り組むことができ、早期にプロフェッショナルとしての自信を培うことができます。

さらに、トレーニングキャンプでは、参加者同士が切磋琢磨する環境が整っており、同じ目標を持つ仲間と共に学ぶことで、互いに刺激を受けながら成長していきます。この経験を通じて、競争意識と協調性がバランスよく養われ、組織全体のレベルアップにも貢献しています。

トレーニングキャンプを経た多くのコンサルタントは、早期に実績を上げ、業界トップクラスのプロフェッショナルとして活躍しています。この教育体制は、単なる知識の習得にとどまらず、実際の業務に直結するスキルを重視しており、高い付加価値を提供できる人材育成の強力な支えとなっています。

②マニュアル・ナレッジマネジメントシステム（fundbook compass）

コンサルタントが高いパフォーマンスを発揮できるよう、**業界随一のマニュアル・ナレッジマネジメントシステム「fundbook compass」**を導入しています。このシステムは、業務に必要な幅広い知識やノウハウを一元管理し、コンサルタントが必要な情報を迅速に取得できるものです。

「fundbook compass」では、M&Aプロセスの各フェーズにおける重要な手続きや、案件ごとの対応方法、法務や財務に関する専門知識が網羅されています。例えば、企業評価の手順やデューディリジェンス（DD）の進め方、契約書のチェックポイントなど、実務で役立つマニュアルが常に最新の状態で更新され、コンサルタントがいつでもアクセスできるようになっています。これにより、各案件における異なる課題に迅速かつ的確に対応でき、業務がスムーズに進行します。

「fundbook compass」は単なるマニュアル集ではなく、ナレッジマネジメントシステムとして、社内の経験や成功事例の共有を促進します。過去の案件で得られた知見やノウハウが蓄積されており、コンサルタント同士が情報を共有することで、組織全体のスキルアップが図られます。特に、新人コンサルタントにとっては、先輩コンサルタントの経験から学びながら実務に取り組めるため、成長スピードが飛躍的に向上します。

さらに、「fundbook compass」にはAIを活用した検索機能が搭載されており、必要な情報を瞬時に見つけ出すことが可能です。この機能により、膨大なナレッジベースから関連情報を効率よく取得でき、日々の業務での意思決定や問題解決がスピーディーに行えるようになります。

このように、「fundbook compass」は、コンサルタントがいつでもどこでも必要な情報を得られるだけでなく、社内全体で知識を共有し、組織全体の学習効果を高めるための重要なインフラとして機能しています。その結果、コンサルタントは高いパフォーマンスを維持し、顧客に一貫して高品質なサービスを提供することが可能になっています。

③メンター制度

コンサルタントの成長を加速させるために**「メンター制度」**が導入されています。この制度では、経験豊富な先輩コンサルタントが新人や若手をサポートし、業界での早期成功を実現するための強力な支えとなっています。

メンター制度のもと、新人コンサルタントが現場で直面する課題や疑問に対し、メンターが実務経験に基づく具体的なアドバイスを提供します。これにより、新人コンサルタントは安心して業務に取り組むことができ、実際の案件を通じてスキルを磨きながら成長できます。定期的なミーティングを通じて、案件の進行状況や顧客対応に関するフィードバックが行われ、課題解決や業務改善に役立てられます。

また、メンター制度は単なる業務指導にとどまらず、キャリア形成における目標設定や自己成長のサポートも行います。メンターはコンサルタント個々の目標に合わせたアドバイスを提供し、長期的なキャリアビジョンを共有しながら成長を支援します。このようにパーソナライズされた指導により、コンサルタントは早期に高度なスキルを習得し、業界のプロフェッショナルとしての道を着実に進むことが可能です。

さらに、メンター制度はコンサルタント同士の密接なコミュニケーションを促進し、信頼関係を築くきっかけとなっています。先輩コンサルタントの経験や知識の共有を通じ、組織全体のスキルアップが図られ、顧客に対して質の高いサービスを提供する土台が強化されます。また、メンター制度で培われた人間関係は社内の協力体制を強化し、チーム全体のパフォーマンスを向上させる重要な要素となっています。

このように、メンター制度は新人からベテランまですべてのコンサルタントが成長し続けるための基盤となっており、個々のコンサルタントがプロフェッショナルとしてのキャリアを築くための強力な支援となっています。

実際にどんな人がfundbookにジョインし、活躍しているのか？

M&AコンサルタントA氏

「銀行員時代の経験を活かし、30歳の節目にM&A業界に転身」

A氏は東京大学を卒業後、株式会社みずほ銀行に入行し、法人営業部で中堅・中小企業から上場企業まで100社以上の顧客を担当。資金調達や経営課題の解決に尽力し、多くの場面で顧客からの感謝を得てきました。この経験を通じて「幅広い知見を活かしながら、いくつかの専門性を身につけ、唯一無二の存在になりたい」という思いが芽生えます。また、自分の実力を試したいという思いから、30歳というキャリアの節目に、ｆｕｎｄｂｏｏｋのビジョンと自由度の高い働き方に共感し、新たな挑戦へと踏み出しました。

入社後は新規案件の開拓に力を注ぎました。当初は困難に直面することもありましたが、チームの協力を受けながら着実にスキルを磨き、次第に業務をスムーズに進められるようになったと言います。現在では、経営者と直接向き合い、信頼関係を築きながら最適な提案を行うことに充実感を覚えています。特に、銀行員時代には得られなかった「案件を一貫して担当する責任感」や「経営者の本音に触れる機会」を通じ、日々新たな学びを得ていることを実感。迅速な仮説構築や、経営者の視点に立った提案力が磨かれる中で、自身の成長スピードに手応えを感じています。

今後、A氏はコンサルタントとしての専門性をさらに深化させることを目標に掲げています。経営者と向き合う中で培った経験をもとに、より多くの顧客に価値を提供し続けることを目指しています。

M&AコンサルタントB氏

「会社の知名度に頼らない営業で、実力を試せる環境がある」

B氏は上智大学を卒業後、新卒で株式会社キーエンスに入社し、関東圏の製造業を対象に印字機の営業を担当。1年目には、新規顧客から数百万円規模の印字機を即決で受注し、社内で高く評価される成果を上げました。

しかし、2年目に同じ業務を続けることに物足りなさを感じ、さらなる挑戦を求めて転職を決意。人材スカウト会社に登録したところ、fundbookからスカウトを受け、M&A業界に興味を抱くようになりました。

B氏が感じるM&A業界の魅力は、成果が直接報酬に反映される点や、結果を出さなければ報酬を得られないリスクの大きさです。転職活動を進める中で業界の情報を集め、会社の知名度に頼らずに自分の実力で営業できる環境を求めてfundbookを選びました。最終面接で会社のビジョンに共感し、入社を決意しています。

入社後は、大きな裁量を持ちながら営業スタイルの違いを実感。特に、顧客との対話や提案内容を工夫する楽しさを感じながら業務に取り組んでいます。M&Aの業務を通じて、方法や戦略を自ら考える楽しさを見出し、試行錯誤を重ねながら成長を続けています。

今後の目標は、入社1年目から社内で一人前と認められる成果を上げ、様々な業界について学びながら成約を重ねることです。

M&AコンサルタントC氏

「不動産営業からM&A業界へ、ビジネスパーソンとして頂点を目指す」

C氏は明治大学を卒業後、プロ野球選手を目指しましたが、最終的にその夢を断念しました。「ビジネスの世界で勝ちたい」という強い想いから就職活動を開始し、不動産会社に入社。営業職として、新規顧客からの大口受注を成功させるなど、目覚ましい成果を上げました。

しかし、同じ業務の繰り返しに物足りなさを感じ、さらなる挑戦を求めて転職を決意。人材スカウト会社を通じてM&A業界からスカウトを受け、次第にこの業界に関心を抱くようになりました。成果が直接報酬に結びつき、大いなる挑戦の場がある点に惹かれたC氏は、業界について情報収集を進める中で、M&A業界の年収の高さや多様な経験の機会に気づき、ｆｕｎｄｂｏｏｋへの入社を選択しました。

入社後、C氏は業務に全力を注ぎ、スキルの向上を最優先としています。特に、M&A業界で顧客とWｉｎ－Ｗｉｎの関係を築き、適正な企業価値でのM&Aを実現することに大きなやりがいを感じています。

今後の目標として、C氏はビジネスパーソンとしてさらなるスキルアップと人脈の形成を目指しています。M&A業界での成功を通じて無限の可能性に挑戦し、究極の成果を追求する意欲を見せています。

M&Aコンサルタント D氏

「これだけ誰かに喜んでもらえる仕事は、他にない」

D氏は大学卒業後、青年海外協力隊に参加し、ホンジュラスで地域社会の発展に尽力。現地での課題解決型の取り組みを通じ、柔軟な対応力やコミュニケーション力を培いました。その後、株式会社オープンハウスに入社。不動産業界での営業活動を通じて、提案力と顧客との信頼関係を構築するスキルを磨きました。この経験は、現在のキャリアの重要な基盤となっていると言います。

転機となったのは、自身の実家で直面した事業承継問題です。後継者不足という社会課題に触れ、同じように苦しむ企業を支援したいという強い想いが芽生えました。この想いを胸に、D氏はM&A業界への転身を決意。未経験ながらもｆｕｎｄｂｏｏｋのパーパスに共感し、新たな挑戦をスタートしました。

入社後は、不動産業界で培った経験を活かし、新規案件の開拓や顧客との信頼関係の構築に注力。経営者の抱える課題を丁寧にヒアリングし、具体的な解決策を提案する中で、顧客から直接感謝の言葉を得る瞬間に大きなやりがいを感じています。我が子のように育ててきた会社を誰かに譲渡するということは顧客にとっては大きな決断であり、それに伴走して支援するコンサルタントという仕事は、前職では経験し得なかった責任感を芽生えさせるものでした。

今後、D氏はコンサルタントとしての専門性をさらに高め、顧客から信頼される存在を目指しています。また、後継者不足という社会課題の解決を通じて、中小企業の持続的な成長に貢献することを最大の目標としています。自身の成長と社会への貢献を両立し、M&Aを通じた新たな価値創造に挑み続けています。

M&AコンサルタントE氏

「大手商社時代の経験を武器に、企業経営の課題解決に挑む」

E氏は北海道大学を卒業後、伊藤忠商事株式会社に入社。情報・金融カンパニーの金融保険部門でリテールファイナンスや法人ファイナンス、M&Aエグゼキューションなどを担当し、多岐にわたる業務を経験しました。特に、金融機関と企業の架け橋としてリスクを伴う案件にも果敢に挑戦し、綿密な分析と戦略的な提案を通じて信頼を築きました。この経験は現在のキャリアの大きな基盤となっています。

「20代のうちに、自分自身をもっと磨き続けることができる環境に身を置きたい」と考えたE氏はM&A業界への転身を決意。企業の経営課題に深く関わることに魅力を感じ、ｆｕｎｄｂｏｏｋの分業制モデルや顧客に寄り添うサービス方針に共感して入社を決めました。

入社後は、商社時代に培った知識と経験を活かし、新規案件の開拓や経営者との信頼関係の構築に注力。顧客が直面する課題を丁寧にヒアリングし、分析を重ねることで最適な解決策を提案し、信頼を獲得しています。案件を一貫して担当する責任感や、顧客の本音に触れる中で得られる学びが、日々の充実感につながっています。

また、E氏は多様な業界の構造や市場動向を把握した上で、合理性だけではない、顧客の心情に寄り添った提案を行うことを意識しています。「自分たちを本当に理解してくれる」といった声を顧客から多く得ており、コンサルタントとしての自信を深めています。

M&AコンサルタントF氏

「証券業界から製薬業界を経て、新たな道へ挑戦したキャリアパス」

Ｆ氏は同志社大学を卒業後、ＳＭＢＣ日興証券株式会社に入社。中堅企業の経営者や富裕層を対象に資産運用のコンサルティング営業を担当し、全社トップクラスの成績を収めました。しかし、提案する金融商品への納得感が薄れる中で、仕事のやりがいを感じられなくなり、新たな道を模索するようになります。

その後、製薬会社のＭＲ（医薬情報担当者）として転職。臨床試験で有効性と安全性が確認された薬品を提供することで、患者に貢献する実感を得ました。外資系企業の環境でスキルを磨きながらも、経営課題により深く関与するＭ＆Ａ業界への興味が芽生え、未経験ながらもｆｕｎｄｂｏｏｋへの転職を決意しました。

入社後は、知識ゼロからのスタートであったため、週末もオフィスで勉強を重ね、Ｍ＆Ａに関する知識と実務スキルを着実に習得。その努力が認められ、リーダーに昇格し、大阪支社の立ち上げメンバーとしても活躍しています。顧客が抱える課題を的確に捉え、最適な解決策を提案する中で得られる心からの感謝の言葉が、Ｆ氏にとって大きな原動力となっています。

Ｆ氏はコンサルタントとして社内屈指の成績を収め、大阪支社全体のマネジメントを担当するようになりました。自身の経験や知識を伝えながら20名ほどのメンバーの成長に積極的に関与し、組織を力強く牽引しています。コンサルタントとしてだけではなく、マネジメントのスキルも磨き上げ、一流のビジネスパーソンを目指して成長を続けています。

第3章

fundbookが求める人材像とは

どんな人が集まっている会社なのか？

高い志と危機感を持って入社している人が多い

当社には、高い志と危機感を抱き、自己研鑽に意欲的な人材が集まっています。現状に課題意識を持ち、一流のビジネスパーソンになることはもとより、社会的使命感に駆られて全員で高みを目指しています。

特に大企業のような枠組みに縛られることなく、自らの限界を超えて成長したいという強い動機を持つ人々が、当社での挑戦を選んでいます。こうした意欲が、コンサルタントの成長を促し、より大きな成果を生み出す原動力となっているのです。

また、彼らはより大きな責任を引き受け、新たな挑戦に取り組む強い意志を持っています。現状を打破し、変革を実現しようと全力を注いでおり、その姿勢を貫いています。各自が自分のスキルを活かしながら、業務を通じて顧客に価値を届けることに情熱を注いでいます。

Ｍ＆Ａは単なる取引ではなく、企業や経営者の未来を左右する重要な経営判断です。譲渡企業オーナーにとっては一世一代、一生ものの決断となります。事業承継や企業の存続に直接影響を与えるこの業務において、コンサルタントたちは強い責任感を持ち、企業が抱える課題の解決に取り組んでいます。彼らはこれまで携わってきた仕事以上に**「もっと大きな貢献をしたい」**という思いから、ビジネススキルを常に磨き、最適な提案を行うために自己成長を追求しています。

例えば、コンサルティング業界や金融・証券業界、不動産業界などから転職してきたコンサルタントは、これまでの経験を活かしながらも、Ｍ＆Ａにおける法務、税務、財務の知識や、経営者との高度なコミュニケーションスキルをさらに強化しています。こうした取り組みによって、顧客のニーズに迅速かつ的確に応えるスキルを日々向上させています。

そして、コンサルタントたちは、変化するビジネス環境に柔軟に対応しながら、顧客の抱える課題に取り組み、深い信頼関係を築いています。これにより、顧客に対してより価値のある提案を行い、企業の成長に貢献するだけでなく、自身の成長にもつなげています。

成果に見合った合理的な評価を求めて

現代は合理性が求められる時代です。スマートフォンの普及により、情報が簡単に得られるようになり、不合理な状況や情報の非対称性はもはや許されません。合理的な評価を求めるコンサルタントが増えているのはそのためです。例えば、以前なら年功序列が一般的で、どれだけ働いても年次の差が評価に影響しましたが、今は自分の成果に見合った報酬を求めるのが当たり前の時代です。

人材スカウト会社を通じて、高い年俸のオファーが日常的に届く状況では、他の挑戦者や成功者に触れる機会が増え、自分もそうなりたいという思いが強まります。特に、「会社歴を重ねてからようやく手にする役職や報酬ではなく、今の成果に応じたフェアな評価が欲しい」という考え方が広まりつつあります。

このように、当社には**合理的な評価を求め、自身の成長と成果に対して正当な報酬を望む人々**が集まっています。

M&Aコンサルタントとして結果を出している人物の特徴

コンサルタントには、法務、税務、財務など幅広いビジネススキルに加え、オーナー経営者やハイレベルなM&A担当者との高度なビジネスコミュニケーション能力が求められます。このように多岐にわたるスキルが必要とされるため、M&A業務は**「ビジネスの総合格闘技」**とも称されることがあります。

何より、経営者と対等にコミュニケーションを図り、企業やその業界の核心部分を理解しながらジェネラリストとしてのスキルを発揮することが重要です。また、新規案件の開拓においては、ソーシング能力や営業としての粘り強さ、タフさが不可欠であり、こうしたスキルを持つ人材は成果を出しやすい傾向にあります。

当社では、優れた学識と大企業での経験を持つ20代から30代前半の若手コンサルタントが数多く活躍しています。なかでもB to B（企業間取引）セールスの経験を持つコンサルタントは、M&A業務に迅速にスキルを適用し、早期に成果を上げることができています。こうしたコンサルタントは、論理的思考力や柔軟な対応力を発揮し、経営者と対峙する際のポイントを理解しているため、短期間で成果を出している傾向があります。

これらの学識や経験が重視される理由は、単なる表面的な評価基準ではなく、コンサルタントに要求される高度な知識やスキルに迅速に対応するためです。深い学問的基盤と実務経験を持つ人材は、ビジネスの基礎や問題解決の手法を学び、複雑な課題にも対応できる力を備えています。特にB to Bセールス経験者は、顧客との関係構築や提案力に優れ、顧客のニーズに応じた交渉力やコミュニケーションスキルを発揮しています。

例えば、ＢtoＢセールスで培ったヒアリング力や問題解決力は、顧客のニーズを正確に把握し、最適な提案を行う際に非常に役立ちます。また、顧客との直接的なやり取りを通じて、企業の成長や変革に寄与する責任感を持ち、ビジネスに対する深い理解を得ることができます。仮にＢtoＢセールス未経験者であっても、それらのスキルフルなセールスとコンサルティング能力が身につくでしょう。

当社では、企業文化や価値観への共感が重要であると同時に、特に高度なビジネススキルを重視しています。コンサルタントは、顧客との効果的なコミュニケーションや、複雑な交渉を成功させるための迅速かつ的確な対応が求められるだけに、問題解決力、論理的思考、戦略的な発想力に加え、顧客の信頼を得るための高度なビジネスコミュニケーション能力が欠かせません。

M&Aコンサルタントに求められるポテンシャルとスキル

次に、コンサルタントに求められるポテンシャルやスキルについて解説しましょう。スキルは、単に業務を効率的に進めるための手段にとどまらず、顧客との信頼関係を築き、M&Aを成功させるための重要な要素となります。

コンサルタントは、顧客が抱える複雑な課題に対して、専門的な知識とスキルを活用し、迅速かつ的確に対応できる能力が求められます。これらのスキルを常に磨き続け、実務に応用できることが、M&A業務の成功を左右するカギとなります。また、M&Aは企業の未来を左右する重大なプロセスであるため、コンサルタントには戦略的な発想力や高度な問題解決力が不可欠となります。

そのため、当社では次の**5つの要素を重視**しています。それぞれについて詳しく説明します。

①顧客との信頼構築のカギとなる社交性と、アピアランスの重要性

社交性は、コンサルタントにとって欠かせない資質です。**快活なコミュニケーション能力と、相手に信頼感を与える存在感**が求められます。経営者や他のステークホルダーと強固な信頼関係を築くためには、自然かつ効果的な対話も不可欠です。特に社交性の高いコンサルタントは、顧客の懸念を早期に察知し、迅速かつ的確なサポートを提供することで信頼を得ています。

コンサルタントは、オーナー経営者や大企業幹部との対峙が頻繁にあります。ここでは、若手であっても、自信のない話し方や控えめな態度では信頼を得るのが難しいでしょう。経験年数に関わらず、「この人なら任せてみよう」と顧客に感じさせるこ

とが重要です。そのため、コミュニケーションエラーを防ぎ、対話を円滑に進める能力と、年齢や立場の異なる相手に対しても対等に接し、適切に対応するスキルが不可欠です。

さらに、譲渡企業と譲受企業では異なる性質が求められることが多く、コンサルタントには**「エモーショナルな対応とロジカルな判断」**が必要です。譲渡企業オーナーは自社を想うあまり、感情的になることがある一方で、譲受企業側は数字に基づいた冷静な判断を求めます。こうした異なる側面に適切に対応できるコミュニケーションスキルは、コンサルタントにとって極めて重要となります。

また、コンサルタントにとって、**アピアランスも重要な要素**のひとつです。特別に華やかな外見である必要は一切ありませんが、顧客に安心感や信頼感を与える第一印象は非常に大切です。清潔感のある身だしなみに気を配ることは欠かせず、これによって顧客からの信頼を獲得します。

身だしなみの重要性は、最高級のサービスを提供する接客業が例に挙げられます。

例えば航空会社や一流ホテルでは、顧客からいただく高額な報酬に見合ったサービスを提供するため、従業員の外見や身だしなみに厳しい基準を設けています。同様に、コンサルタントも、高額な報酬をいただく役務を提供する立場として、最大限アピアランスに配慮し、顧客に安心感を与えることが求められます。誰もが、一流のサービスは一流の人材から受けたいと思っているからです。

それは、何も高級なスーツやアクセサリーを身にまとうという意味ではありません。身だしなみを通じて顧客に敬意を表し、礼節を尽くすことで、相手に安心感を与え、効果的なコミュニケーションによって社交性を高められるのです。

②知性と教養が築く、顧客からの信頼

コンサルタントとして、顧客との信頼関係を築き、複雑なビジネス環境に対応するためには、**知性と教養**が欠かせません。これらの要素が、顧客からの信頼を高め、プロフェッショナリズムを確立するカギとなります。

顧客との対話において、業界知識や市場動向に精通していることは非常に重要です。そのため、普段から書籍や新聞、専門誌、ネット媒体などを通じて最新の情報を取り入れ、知識を常に更新し続ける姿勢が求められます。コンサルタントとして、顧客が抱える課題を深く理解し、対等なレベルで会話できることが、信頼関係の構築に不可欠です。

例えば、証券業界では日経新聞の読み合わせが新入社員研修の一環として行われることがあります。これにより、業界の最新トレンドやニュースに常に敏感であることが求められます。同様に、コンサルタントも、顧客とのコミュニケーションを通じて、教養や知性を感じさせることが、信頼の源となるのです。

また、社会常識や時事問題に対する理解も不可欠です。経営者との面談や会食の場で、的確な対話ができることは、基本的なビジネススキルです。業界や社会情勢に対してアンテナを高く張り、常に最新情報をキャッチする習慣が必要です。

M&Aの現場では、顧客の業界に対する深い理解が信頼構築の基盤となります。顧客以上に業界に精通することで、より的確な提案やサポートが可能になります。医療、物流、製造など、自身が専門とする分野を見つけ、その分野に特化した知識と専門性を身につけることが重要です。これが、顧客から信頼されるコンサルタントになるためのカギとなります。

また、知性と教養は単なる知識の蓄積を超えて、コンサルタントとしての信頼関係を築き、価値を提供するための土台です。これを磨き続けることで、コンサルタントとしての価値はさらに高まり、より多くの顧客に貢献できるでしょう。

③案件ごとに柔軟に対応する、自発性の重要性

コンサルタントの資質において、自発性も非常に重要です。M&Aの案件は、**ひとつとして同じものがなく、業種、業態、規模、地域によって異なる課題が発生**します。それまでの経験に頼るだけではなく、ディール（取引）ごとに潜在的な課題を迅速に見抜き、積極的に解決策を見つけることで、顧客に対して大きな価値を提供することが求められます。

したがって、ひとつの成功事例や方法論を他の案件にそのまま適用することはできません。各案件の独自の状況に対応し、柔軟かつ効果的な解決策を提示するためには、常に自ら情報をキャッチアップし、自発的に問題に取り組む姿勢が重要です。

例えば、案件によっては、デューディリジェンス（ＤＤ）に入ると、予期していたバリュエーション（企業価値評価）が維持できなくなる可能性が生じることもあります。また、業界規制による業界独自の論点が問題になることもあります。さらには、経営者の交代や株主構造の変更が契約に影響を与える「チェンジオブコントロール（ＣＯＣ）」条項の問題が生じることもあります。

このような多様なリスクに対処するためには、過去の成功事例に依存するのではなく、常に新たな視点で問題を予測し、積極的に解決策を模索する姿勢が必要となります。

ですので、当社の採用面接では、現職で営業成績がトップだった経験を持つ方であっても、その成績をどのように維持し、どのように改善を続けてきたのか、その試行錯誤や自らのＰＤＣＡを伺うことがあります。絶え間なく自らをアップデートし、実践していくことができる人材は、M&A業界でも活躍することができます。

④多種多様なM&Aディールに求められる忍耐力

M&Aを進めるプロセスにおいて、複雑な案件や長期にわたる交渉では、根気強く取り組む姿勢が極めて重要となります。M&Aのディール（取引）はそれぞれ異なり、顧客からの突発的な依頼や予想外の問題が発生することも珍しくありません。M&Aは、顧客にとっては人生をかけた重要な決断であるため、時にはロジカルには対応できない要望が出ることもあります。

また、譲渡側・譲受側双方の要望があるだけに、すべてが理想通りに進むディールはほとんどなく、ディールが中止になる場面もしばしばあります。そのような状況下でも諦めず、解決策を見つけ出す粘り強さが求められます。

M&A業界では**「10件の成約を経験して一人前」**と言われます。これは、それぞれのディールが異なり、実際に経験を積むことで初めて多様な問題に対応できるスキルが身につくという意味です。どの案件においても、粘り強く対応し続けることが成功のカギとなります。

その素質を見極めるために、当社では、過去に何かをやり遂げた経験や、その経験を具体的に語れるかどうかを重要なポイントとして面接で伺うことがあります。

⑤変化するビジネス環境で求められる、M＆Aコンサルタントの順応性

現在のＶＵＣＡ（Volatility・Uncertainty・Complexity・Ambiguity）の時代において、コンサルタントもまた日々予測不可能な課題に直面しています。ＶＵＣＡとは、変動性（Volatility）、不確実性（Uncertainty）、複雑性（Complexity）、曖昧性（Ambiguity）の4つの要素が絡み合った状況を指し、このような環境下では、コンサルタントも時代に即した的確な対応と、変化に迅速に適応することが不可欠となっています。

また特に、M&Aのディールは一件一件が異なり、10件行えばそのすべてが業種、業態、規模、地域といった様々な要素で異なるため、各ディールごとに異なる対応が求められます。こうした多様な条件に対応するためには、順応力が試される場面が多く、変化に柔軟に対応できる力が成果に直結します。

あなたが、コンサルタントとしてキャリアの新境地に立つ際は、新しい環境で成功するために、まずその環境に順応し、自ら働きやすい体制を整えることが重要です。社内での円滑なコミュニケーションは、順応性を測る重要な指標のひとつとなります。特に、当社の場合、法務部やコーポレートアドバイザリー部、企業評価部、企業情報部など、様々な部門との連携が密なので、社内コミュニケーション力は必須です。様々な部門と協力し、情報をスムーズに共有しながら業務を進めることで、成功への道が開かれます。実際、社内連携をうまく行える人材が成果を出しやすい傾向にあります。

一方で、孤立して適応できない人は、成功することが難しいのが現実です。例えば、必要なときに上司や経験豊富な同僚にアドバイスを求めることも重要なスキルですが、もし社内で人望がなければ協力を得ることは難しくなります。優れたコンサルタントは、単に技術的なスキルだけでなく、社内での人間関係や信頼を築くことにも長けています。

また、**M&Aは情報戦**でもあり、成功のためには部門の垣根を越えて情報を収集し、多様な人々と協力して問題を解決する姿勢が求められます。順応性を持ち、人望があり、柔軟に対応できるコンサルタントこそが、顧客からの信頼を勝ち取り、複雑な環境下で成功を収めることができます。

カルチャーにフィットするかどうかの視点

当社の企業風土について、順応性という観点からご紹介します。M&A仲介会社が数多く存在する中で、自分の価値観と合致する会社を選ぶことはキャリア選択において極めて重要です。

多くの企業と同様に、当社は中途採用では即戦力を求めており、これまでのビジネスにおける実績とスキルを重視しています。また、面接では前述したポテンシャルも見極めています。M＆Aは高度なスキルとコミュニケーション力が求められる分野であり、当社にはそのようなスキルを持ち、高い志を持つ人々が集まっています。

当社のカルチャーを一言で表すなら、**「向上心と危機感を持つ者の集合体」**です。当社では、何かを変えたいという強い意志を持ち、挑戦するために転職を決意した人々が集まっています。そのため、自己成長を強く意識し、危機感を持って成果の追求に全力を尽くしています。

このように、当社は向上心と危機感を共有する熱意あふれる人々が集まり、常に課題意識を持って行動する環境です。合理性を重んじ、変化を恐れず挑戦し続ける姿勢が、社内の熱気、活気を生み出し、個々の成長へとつながっています。このカルチャーに共感し、同じ価値観を持つ人材であれば、必ずや当社で一流のコンサルタントになることができます。

〈M&Aコンサルタントで得られる力〉
一生ものの力をつける

当社が求めるポテンシャルやスキルに加え、プロフェッショナルなコンサルタントとして、そして一流のビジネスパーソンとして成長するために、当社で身につけられる力についてご紹介します。

自ら顧客を獲得する営業力が身につく

一流のコンサルタントを目指す過程で身につくスキルのひとつが**「営業力」**です。その中には、提案力、課題解決力、状況判断力が含まれます。

当社では特に**「自らの力で顧客を獲得する能力」**を重視し、そのための教育支援や実践機会を豊富に用意しています。第2章で述べたように、DXや分業体制などを活用し、他のどのM&A仲介会社よりも多くの時間を顧客との対話に充てられる環境を整えています。M&A業務を通じて手にした営業力は、M&A業界に限らず、将来どのビジネスでも役立つ重要な基盤となります。自力で顧客を獲得する能力は、プロフェッショナルとして自立して生き抜くためのカギとなるからです。

また、M&Aの成否を左右する要素として**「提案力」**があり、これもコンサルタントにとって欠かせないスキルとして磨くことができます。案件ごとに異なる課題や障害に対応するためには、顧客のニーズを正確に把握し、中長期的な経営戦略を考慮した上で、適切な提案を行うことが求められるからです。特に、顧客が自分のニーズを明確に認識していない場合には、対話を通じてその本質を引き出し、最適なM&A戦略を提案する力が必要となります。

さらに、提案力を強化するためには**「柔軟な思考」**と**「クリエイティブな発想」**が必要です。M&Aの現場では予期しない事態が頻繁に発生するため、状況に応じた柔軟な対応と代替案の提示が求められます。従来の枠にとらわれず、革新的なアプローチを追求する姿勢こそが、顧客に最大の価値を提供することができます。

このように、一口に**「営業力」といっても、これほど多様で高度なスキルを身につける機会がある**のです。

会社法などの法律理解力が身につく

コンサルタントとしてのキャリアを通じて、**幅広い法務知識とスキルを習得する**ことができます。M&Aの現場では、契約法の理解が極めて重要であり、秘密保持契約書、株式譲渡契約書、事業譲渡契約書、株主間協定書などの多様な契約において、実行条件、違約金条項、補償義務などの重要な条項を的確に評価する力が養われます。

また、会社法の知識も実務を通じて身につけることができ、株式譲渡、事業譲渡及び会社分割、合併といった組織再編に関連する法的規定や、取締役会・株主総会の決議要件、少数株主の権利についても深く理解することができます。

コンサルタントは、法務デューディリジェンス（法的調査）を通じて、企業の組織体制、知的財産権の問題、労働問題、許認可に係る問題を見極めるスキルも身につけます。これにより、企業の経営実態を法務の視点から評価し、顧客にとって適切なアドバイスができるようになります。

さらに、独占禁止法や不正競争防止法の知識は、M&A案件における企業結合が法に抵触しないかを検討する能力を育て、また、税務法規の実務を通じて、株式譲渡や事業譲渡の税務負担の違いを理解し、税制の知識を学ぶことができます。

M&Aの業務では、労働法に関するスキルも重要で、従業員の雇用契約や労働条件の変更に対応する法的要件を実務を通じて学び、労務リスクの管理能力を高めることができます。さらに、技術系企業やブランドを有する企業のM&Aにおいては、特許、商標、著作権などの知的財産法の知識を習得することができます。

コンサルタントとしての経験を重ねることで、これらの**法務知識が統合的に活用され、案件ごとの法的リスクや課題に対処する力**が養われます。このようにして身につけたスキルは、顧客の信頼を勝ち取るための強力な武器となり、プロフェッショナルとしての価値を高めるものです。継続的な学習を通じて常に知識をアップデートし、法改正や業界の変化に対応することで、最前線で活躍できるコンサルタントへと成長していくことができます。

実践的な財務分析力が身につく

コンサルタントとしてのキャリアを通じて、**実践的な財務分析力**が培われます。企業価値を正確に評価するための財務分析は、M&Aの現場において必須のスキルです。財務諸表の読み解きやキャッシュフローの分析を通じて、企業の収益性や成長性、効率性、流動性を多角的に評価する力が身につきます。こうした能力は、取引のリスクと機会を的確に判断するために不可欠であり、コンサルタントとして顧客に説得力のある提案を行うための基盤となります。

また、会計に関する深い知識もコンサルタントとしての実務を通じて身につけることができます。損益計算書、貸借対照表、キャッシュフロー計算書といった財務諸表の正確な理解に加え、収益認識や減価償却、引当金の設定といった複雑な会計処理を評価する力が養われます。特に、譲受企業の会計方針が統合後に与える影響を見極めるスキルは、M&Aの成功を左右する重要な要素となります。

財務諸表をもとに、企業の資金繰りや予算管理、資金調達、余裕資金の計画を行う企業財務のスキルも、コンサルタントとしての経験を通じて大幅に向上することでしょう。資本構成の最適化や資金調達の方法、キャッシュフロー管理の技術を習得することで、財務リスクを適切に評価し、企業の健全な資金運営を支援する力が磨かれます。これにより、負債状況の改善や自己資本比率の適正化、短期的な資金繰りの安定化といった課題に対して、効果的な財務戦略を提案できるようになります。

さらに、コンサルタントは、**企業価値評価（バリュエーション）**の実践的なスキルを身につけることができます。譲渡価額算定のために、コストアプローチ（時価純資産+営業権）、マーケットアプローチ（マルチプル法など）、インカムアプローチ（DCF法など）といった多様な手法を適切に使い分ける力が求められます。このような評価スキルは、顧客に合理的かつ納得のいく価額算定を行うためのカギとなります。

財務知識は、法務や税務とも密接に関連しています。M&Aでは、財務の視点から税制の優遇措置を活用し、取引後のキャッシュフローを改善する戦略を立案する力が養われます。財務、法務、税務の知識を統合して活用することで、取引全体のメリットを最大化するための包括的なサポートを提供できるようになります。

コンサルタントとしての経験は、**これらのスキルを実務を通じて体系的に高める機会を提供**します。財務分析や会計、企業財務、バリュエーションの能力は、M&A業務にとどまらず、企業経営や投資判断の様々な場面で役立つ重要な力です。こうした力を身につけることで、コンサルタントとして顧客から信頼されるパートナーとなり、プロフェッショナルとしての市場価値を大幅に向上させることができるのです。

経営者と対等に渡り合うビジネスコミュニケーション能力が身につく

コンサルタントには、顧客である経営者やハイレベルなM&A担当者と対等に対話し、複雑な問題を解決に導く高度なビジネスコミュニケーション能力が求められます。経営者との直接対話を通じて、企業の財務状況や戦略的な課題に深く迫り、信頼関係を築くことが不可欠です。この対話力は、経営者の視点を理解し、共感を引き出しながらディールを進めるための重要な要素であり、M&Aの交渉を成功に導く基盤となります。

コンサルタントとしての経験を積むことで、**経営者と対等に渡り合う力**が身につきます。これは単なる交渉スキルにとどまらず、経営者の考え方やビジネス感覚を的確に読み取り、その意図に応じた戦略的な提案を行う力を育てます。こうしたスキルは、単なる取引の仲介者ではなく、経営者から信頼されるパートナーとなるために必要不可欠です。

さらに、コンサルタントは、顧客のニーズを深く理解し、それに基づいて最適な提案を行うための優れたヒアリング力を磨きます。経営者との対話を通じて、表面的な情報にとどまらず、企業の本質や隠れた課題を引き出し、それに対する解決策を提案できる力が養われます。こうした能力を持つことで、顧客の信頼を獲得し、長期的な関係を築くことが可能となります。

事業への深い理解力も、コンサルタントとしての成功に欠かせないスキルです。コンサルタントは、譲渡・譲受企業の強みや課題、収益構造、ビジネスモデルを把握し、競合他社との比較や市場環境を分析することで、企業の本質を見極める力を身につけます。このスキルがあれば、単なる財務分析を超え、経営者が抱える複雑な経営課題に対する的確なアドバイスを提供できるのです。

コンサルタントとしてのキャリアを通じて、**経営者と同じ目線で物事を捉え、対等に議論する力**が養われます。この力は、顧客に対して高い価値を提供し、長期的な信頼関係を築くための基盤となります。コンサルタントがこうした能力を身につけることで、**顧客の成功に貢献しながら、自身の市場価値を高めていくことができる**のです。

第4章

fundbook、今後の展望

気軽にM&Aの相談ができて、安心してM&Aが選択できる新しい世界へ

ｆｕｎｄｂｏｏｋは、**「気軽にM&Aの相談ができて、安心してM&Aが選択できる新しい世界を創出すること」**をパーパスに掲げています。その新しい世界を創るためには、一人ひとりのコンサルタントの活躍が欠かせません。それだけに、当社はどこよりも一流のコンサルタントを育てることに注力しています。そして、スキルだけでなく、同じ想いを持って世界を変える仲間を求めています。

現在、多くの経営者がM&Aについて十分な知識がないまま不安を抱いている状況がありますが、私たちは、これをより身近でわかりやすいプロセスへと進化させ、誰もが安心してM&Aを検討できる未来を実現します。デジタルトランスフォーメーシ

ョン（DX）を積極的に活用し、オンライン相談窓口の強化やプロセスの透明化を進めることで、物理的な距離や規模に関係なく、どんな企業も気軽にM&Aを検討できる環境を整備し、今後も一貫してM&Aのハードルを下げ続ける努力をしていきます。

特に、初めてM&Aを考える経営者にとって、透明で信頼できるサポート体制を構築し、安心して次のステップに進める道を切り拓いていきます。

また、不動産仲介サイト「SUUMO」のようにインバウンドで顧客からの問い合わせが集まる仕組みも構築していきます。広告や営業だけに頼らず、質の高いサービスと徹底した透明性を基盤に、自然と顧客が集まるモデルを確立し、これによりM&Aがより身近な選択肢として企業に浸透していく未来を実現します。

M&Aを次世代のスタンダードに

M&Aは失敗できないにもかかわらず、複雑なプロセスが多く、顧客にとって心理的負担となることがあります。特に我が子のように会社を育ててきた譲渡企業オーナーにとってはなおのことです。

当社では、それに対してプロセスの透明性を確保し、分業とテクノロジーを活用して業務の効率化を図ることで、顧客が安心してM&Aに臨める環境を提供し、さらに推進していきます。法務、財務、税務の各分野における専門家のアドバイスに加え、デジタル技術を駆使してデューディリジェンスや書類作成を効率化し、より精度の高いサービスを提供します。これにより、コンサルタントがより多くの顧客に対応できる体制を整え、業務の効率化とサービス品質の向上を両立させます。

また、M&Aを次世代の企業経営における標準的な選択肢とするためには、優れたコンサルタントの育成が重要です。当社では、知識と経験が豊富なプロフェッショナルを育成し、顧客に最適なアドバイスを提供できる体制を拡充しています。これにより、M&Aが企業経営において重要な選択肢として浸透し、顧客が安心してM&Aを選択できる未来を目指しています。

さらに、当社は従来型の属人的な仲介サービスと、非属人的なプラットフォームによるダイレクトM&Aを融合させたハイブリッド型の仲介モデルを採用し、公正で透明なサービスを追求しています。この取り組みを通じて、M&A業界全体の質の向上に貢献し、さらなる発展を目指します。

「M&Aならfundbook」と想起させる、リーディングカンパニーとなる

競争が激化しているM&A業界において、当社は**「M&Aならfundbook」**と認識される存在を目指しています。

例えば、いまや、フリマアプリといえば「メルカリ」、ダイレクトリクルーティングといえば「ビズリーチ」といったように世間の認知を獲得しています。当社もM&A業界でのリーディングカンパニーとしての地位を確立していきます。営業や広告に依存することなく、サービスの価値を高めることで、顧客から自然と選ばれる存在となるための新たなアプローチを次々と講じていきます。

会社としてコンサルタントを後押しできることは、一にも二にもまず教育面。そし

て、広報などのマーケティングにおいて知名度や信頼度をあげるバックアップです。

業界屈指のM&Aコンサルタントを育てる会社へ

当社は、M&A業界の未来を見据え、これまでにないスピードと質でプロフェッショナルのコンサルタントを育成するための体制をさらに進化させていきます。M&Aに必要な財務、法務、税務といった基礎的な知識はもちろん、企業評価や交渉力、コミュニケーション力といった実務に直結する多岐にわたるスキルを、徹底した教育プログラムで体系的に習得してもらいます。

さらに今後は、AIの積極的な活用も視野に入れ、データ分析や市場動向の予測に基づく意思決定をサポートする技術を取り入れることで、さらなる業務の効率化と正確性を実現します。また、M&Aを初めて検討する顧客に対しても、適切なアドバイスができるよう、新たな情報提供方法やコミュニケーションスキルを強化し、すべてのコンサルタントが多様な顧客に対応できる環境を整えていきます。

新人コンサルタントに対しては、OJT（オン・ザ・ジョブ・トレーニング）を中心とした実践的なスキル向上の場を提供し、早期から実務に携わることで、短期間でM&Aの現場で即戦力となる人材へと成長する機会を与えていきます。今後も、この迅速な成長をサポートする体制をさらに強化し、M&A業界における人材育成のリーダーシップを発揮していきます。

実務に即したスキルと「GRIT」「ADJUST」の強化

M&Aの業務は非常に複雑であり、予測困難な状況が頻繁に発生します。当社は、このような環境下で成功するためには、単なる知識や技術の習得にとどまらず、**「GRIT（やり抜く力）」**と**「ADJUST（柔軟に対応する力）」**が不可欠であると考えています。これからのM&A市場では、長期的な視点で案件に取り組み、困難な局面でも粘り強く解決策を見出す力が、ますます重要になるとみています。

当社では、実際の現場で想定されるシナリオやケーススタディをもとにしたトレーニングを通じ、コンサルタントが常に柔軟かつ迅速に対応できるスキルを磨く機会を提供しています。これにより、複雑な取引が絡む場面でも、顧客にとって最善の結果を導き出せるプロフェッショナルを育成します。具体的には、チームで協力しながら進めるシミュレーションや、実際の過去案件を分析するワークショップを通じて、コンサルタントが学んだ知識を実務に応用できるように支援しています。

こうして、コンサルタントは状況の変化に迅速に対応し、顧客の期待を超えるパートナーとして信頼を得るための礎を築いていきます。

チームで成長し、顧客の未来を支える存在へ

当社は、コンサルタントとしてのスキル向上に加え、組織全体で成長するための企業文化のさらなる深化を目指しています。コンサルタントが互いに学び合い、切磋琢

磨する環境を整えることで、常に新しい知見を共有しながら成長し続けられるチームを形成します。個人の成長が組織全体の成長につながるという理念のもと、経験豊富なコンサルタントが若手を支え、共に成長していく文化をさらに強化していきます。

特に、経験の浅いコンサルタントに対しては、メンター制度を導入し、より経験豊富な先輩コンサルタントからの直接的な指導やフィードバックを通じて、早期から高度なスキルを身につける体制を整えています。これにより、全員が一流のコンサルタントとして、顧客に最高のサービスを提供できるようサポートします。

当社のコンサルタントは、単なる仲介者ではなく、顧客の未来を切り拓くパートナーとしての役割を担います。顧客の経営課題に対して的確なソリューションを提供し、共に成功への道を歩む存在へと成長します。今後も、顧客の期待に応え、さらにはそれを超える価値を提供できるコンサルタントを育成し続け、M&A業界において信頼される存在として進化していきます。

従業員満足と顧客満足No.１を目指す

企業の成長と成功は、従業員と顧客の満足度が密接に関係しています。

当社では、従業員が働きやすく、成長を実感できる環境を整え、長期的にキャリアを築きたいと思える職場作りを推進しています。スキルアップだけでなく、報酬面でも業界トップレベルの待遇を提供し、従業員の満足度向上に努めています。これにより、従業員の成長が顧客満足度の向上にも直結し、結果的にパートナーとしての信頼を獲得しています。

高度なスキルで企業の未来を支えるM&Aコンサルタント

コンサルタントには、企業の未来を左右する重要な役割が求められ、そのためには高度なスキルと知識が不可欠です。先にも触れましたが、当社では、従業員の成長が最終的に顧客満足につながるという信念のもと、充実した教育体制を整えています。この教育プログラムでは、「GRIT（やり抜く力）」と「ADJUST（柔軟に対応する力）」を重視し、コンサルタントが粘り強く問題解決に取り組み、顧客のニーズに応える能力を育成しています。また、他部署を含むチーム全体で協力し合う文化を育むことで、個々のコンサルタントが孤独を感じることなく業務に取り組める環境を提供しています。

従業員満足が生む顧客満足

従業員満足が高まることで、顧客に対して質の高いサービスを提供できることは明らかです。当社のコンサルタントは、単なる仲介者ではなく、顧客のパートナーとして、企業の未来を共に支えています。透明性を重視したプロセスを徹底し、顧客の疑問や不安を解消することで、納得のいく意思決定をサポートします。今後も**「従業員満足と顧客満足No.１」**を目指し、従業員の成長を支援し続けることで、業界トップクラスの顧客満足度を追求し、M＆A業界のリーダーシップを発揮していきます。

コンプライアンス遵守と、充実したリスクマネジメント

M&A業界では、法令遵守とリスクマネジメントが成功のカギを握り、より一層その対応が求められています。

当社は、中小M&Aガイドラインに基づき、徹底した法令遵守と内部統制の強化を推進し、リスクを最小限に抑えるための体制を整えています。顧客のフィードバックに基づくコンプライアンス研修や内部監査を通じて、組織全体で法令や規制に対する意識を高め、リスクが発生した際には迅速かつ適切に対応できる環境を構築しています。

業界特有のリスクに対しても、事前に予測し、対策を講じることで、顧客に安心・

安全なサービスを提供することを目指しています。リスクマネジメントの徹底により、信頼できるパートナーとしての当社の地位を確実なものとします。

体系的なリスク評価と対応策の策定

当社のリスクマネジメントは、経営におけるリスクを体系的に特定し、その発生可能性と影響度を評価することを基本としています。具体的には、市場リスクや法規制の変動、組織的なリスクなど、外部環境及び内部リスクを網羅的に特定し、それぞれのリスクに対して優先的に対策を講じています。評価に基づき、リスク回避、軽減、さらには保険や契約を通じたリスク転嫁など、必要な対応策を策定しています。

特に重大なリスクについては、早期に対応策を講じることで、リスク発生の可能性を最小限に抑え、顧客や関係者に対して高い信頼性を提供しています。

継続的なリスク管理の見直しと最適化

リスク管理は一度行えば終わりではなく、企業環境の変化に応じて常に見直しと改善が求められます。当社では、定期的な監視とレビューを通じて、新たなリスクや変動に迅速に対応するためのプロセスを最適化しています。リスクの発生を予防し、万が一発生した場合には迅速かつ的確な対応を行う体制を強化することで、企業の信頼性を高めています。

このような継続的なリスク管理プロセスを通じ、当社は顧客に対して安定したM&Aサービスを提供し、信頼されるパートナーとしての地位を確立していきます。

第5章

よくある質問FAQ

Q1

成果を上げているM&Aコンサルタントに共通する特徴はありますか？

A

成果を上げるコンサルタントに共通する特徴は、一定のボリュームでソーシング活動を継続し、長期的な視点で案件創出に取り組んでいる点にあります。一定のボリュームとは、担当者の役職や市場状況、対象業界によって異なりますが、例えば週に数十件の企業訪問やリサーチ、月に数百件の新規案件リストの作成が必要とされる場合もあります。成果を出し続けるコンサルタントは、このような活動量を維持しながら定期的に基準を見直し、より質の高い案件の創出に向けた改善を重ねています。

特に成約までのリードタイムが長いこの業界では、目の前の案件だけでなく、将来を見据えた案件開拓を進めることが重要です。短期的な成果にとどまらず、未来に備えた案件の創出に取り組む姿勢が、安定した成果を上げ続けるためのカギとなります。

また、成果を上げるためには、１３０ページでも取り上げた「ＧＲＩＴ（やり抜く力）」と「ＡＤＪＵＳＴ（柔軟に対応する力）」を持つことも欠かせません。困難な状況にもめげず、変化に対応しながら成果を追求する姿勢は、Ｍ＆Ａの現場で重要な役割を果たします。このような要素を備えたコンサルタントこそが、顧客との信頼関係を深め、その成功を共に目指すことができます。

そして、コンサルタントの成功は、単に知識やスキルを磨くだけでなく、顧客を愛し、その課題に真摯に向き合う姿勢から生まれます。この情熱が、質の高いサービス提供と長期的な成果につながるのです。

Q2

M&A業界は金融業界以外の出身でも大丈夫でしょうか？

A

当社では、銀行などの金融業界に限らず、メーカー、不動産、商社、MR（医薬情報担当者）といった様々なバックグラウンドを持つ方々が入社し、活躍しています。また、BtoB営業の経験を持ち、一定の成果を上げてきた方には特にM&A業界での活躍が期待されています。

営業で培った提案力や人間関係構築力は、顧客との信頼関係構築や案件成功のために大きく貢献します。入社後には、M&Aに必要な財務や法務の知識を基礎から学べる充実した研修制度も提供しているため、未経験の方でも安心してスキルを習得し、成長できます。

Q3

多くの仲介会社がある中でfundbookが選ばれる理由は何ですか？

A

当社が選ばれる理由として特に挙げられるのは、業界でも高水準のインセンティブ料率と充実した教育体制です。当社では、実績に応じた高い収入を実現できるよう、魅力的なインセンティブ料率を設定しており、成績をしっかりと評価します。

さらに、入社後の教育体制も充実しており、営業活動に必要な知識だけでなく、財務や法務についても体系的な研修を実施します。多くの仲介会社が即業務に入る体制である一方、当社では基礎研修後、成約実績のあるコンサルタントの指導のもと、ＯＪＴ形式で実務経験を積んでいただけます。こうした環境が、未経験者でも安心して成長できる支えとなり、プロフェッショナルとしての力を磨くことが可能です。

Q4

入社までにやっておいた方がよいことはありますか?

A

財務知識をお持ちでない方には、まず簿記の学習を推奨していま す。M&Aの実務では、財務情報を読み解く力が欠かせませんので、簿記の知識が基盤となります。

また、これまでのM&Aの事例を学び、様々な業界の有価証券報告書に目を通しておくことも、実務で役立つ重要な知識となります。こうした知識は、案件の理解を深め、顧客に適切な提案を行うための礎となりますので、ぜひ積極的に取り組んでいただきたいポイントです。

Q5

担当できる案件の業界やエリア、規模感はどのように決まりますか?

A

基本的には、担当者が自身の志向に合わせて取り組みたい案件の業界、エリア、規模感を自由に選んでいただける環境が整っています。部署ごとに特定の業界に強みを持ち、そこでの知見やネットワークを活かしたサポート体制もありますが、必ずしもその業界の案件に縛られるわけではありません。この柔軟性によって、担当者は幅広い業界の案件に挑戦できるため、視野を広げながら多様な経験を積むことができます。

また、専門チームの知識やサポートを活用しながら、自分の強みや興味を活かせる業界や規模に特化した戦略を練ることも可能です。これにより、担当者の成長やキャリア形成にもつながる幅広い選択肢が提供されています。

Q6

社内で案件の取り合いやアプローチできない先などあるのでしょうか?

A

顧客のために、同時に複数のコンサルタントから連絡が行かないようシステムで一元管理されており、既に他のコンサルタントがアプローチを行った先には一定期間アプローチできない仕組みになっています。これにより、連絡の重複による顧客への負担を軽減し、スムーズなコミュニケーションを維持しています。

また、当社では既得権益的な制度は一切なく、社歴が長いコンサルタントだけが優先的にアプローチできるリストや特別な権限も存在しません。すべてのコンサルタントが公平な条件で案件に取り組むことができるフェアな競争環境を整えています。これにより、経験年数や入社順に関係なく、意欲と実力次第で案件に取り組むチャンスが与えられ、全員が成果を追求できる体制が確立されています。

Q7

「分業」と「一気通貫」はどう両立するのですか？

A

当社では、分業体制と一気通貫の業務スタイルを両立させています。案件化やマッチングといった業務は専門部署がサポートしつつ、コンサルタントが全工程を指揮し、案件全体に責任を持つ体制を採用しています。この仕組みにより、コンサルタントは契約書作成や交渉といった重要な場面に対応しながらも、顧客への提案やサポートに集中することができます。

また、分業体制の活用により、業務効率が向上し、複数の案件を同時進行することができ、コンサルタントが顧客とより深い信頼関係を築くことが可能です。同業他社では、コンサルタントがすべての業務を担う場合もありますが、コンサルタントの負担が増えやすくなります。当社は分業と一気通貫を組み合わせることで、効率的かつ質の高いサービスを提供しており、この点が大きな特徴となっています。

Q8

社内・社外でのキャリアパスはどうなっていますか？

A

早期に成果を上げた社員を積極的にマネジメントポジションに登用しています。入社3年目で課長職、4年目には部長として十数名のチームを率いることが可能です。中には、1年目から高い成果を上げた社員が2年目でマネジメントに就くケースもあります。一方で、マネジメントを希望しない社員には、プレイヤーとしてのキャリアを追求する選択肢も用意しています。

また、当社で培ったスキルは社外でも幅広いキャリアにつながります。独立・起業や家業の承継、大企業の経営企画部門やM＆A戦略室への転職、さらには「顧客獲得力」を活かして営業職として他社で活躍する道もあります。いずれの選択肢においても、当社での経験がキャリアアップの土台となります。

Q9

入社後の配属はどのように行われますか？

A

入社者の出身業界や性格に加え、受け入れ先となる課長や部長の経験、人柄との相性など、定性的な要素を総合的に考慮して配属を行っています。また、人員状況に応じて柔軟に対応し、入社者がその特性を最大限に発揮できる環境を整備しています。

配属後は、各コンサルタントに大きな裁量が与えられます。提案先の業界や案件を自由に選べる体制を構築しており、提案先が重複する場合でも、明確なルールに基づいて公平に提案が行える仕組みを整えています。このように、効率性と透明性の高い業務運営を実現することで、コンサルタントが主体的に活躍できる環境を提供しています。

Q10

M&Aコンサルタントが同時に進行する案件は何件くらいですか？

A

当社における「案件」とは、アドバイザリー契約に基づいて進行する業務を指します。2024年11月時点で、コンサルタントが同時に進行する案件数は平均[※]7・5件、場合によっては20件に達することもあります。このような高い対応力を可能にしているのは、分業体制とDXによる業務効率化です。これにより、コンサルタントが複数の案件を円滑に管理しながら、質の高いサービスを提供できる環境を整えています。

さらに、案件化に至る前の商談段階から、多くの経営者と接点を持つ機会があることも当社の特徴です。このプロセスを通じて、コンサルタントは豊富な経験を積み、実践的なスキルや知見を磨きながら、新たな案件へとつなげていきます。

※６か月以上在籍しているコンサルタントの平均担当案件数

Q11

投資銀行部門（ＩＢＤ）や財務アドバイザリーサービス（ＦＡＳ）との違いは何ですか？

A

投資銀行部門（ＩＢＤ）や財務アドバイザリーサービス（ＦＡＳ）との違いは、ビジネスモデル、対象市場、業務範囲にあります。

ＩＢＤやＦＡＳは主に大企業を対象とし、譲渡企業または譲受企業のどちらか一方の利益最大化を目的とした支援を行います。一方、当社は中堅・中小企業を中心に、譲渡企業・譲受企業双方を支援する仲介型のサービスを提供しています。このため、ＩＢＤやＦＡＳが一方に特化したアプローチを取るのに対し、当社では双方にバランスよく価値を提供することが特徴です。

営業活動においても大きな違いがあります。ＩＢＤやＦＡＳは取引先からの依頼を受けて案件を進めることが一般的で、営業活動や市場開拓を行うことは少ない傾向にあります。一方、当社ではコンサルタント自身が営業活動を行い、案件の開拓から成約まで一貫して責任を持つ体制を採用しています。

さらに、扱う案件の規模にも違いがあります。ＩＢＤやＦＡＳが大企業の大型案件を中心に扱うのに対し、当社は中堅・中小企業のＭ＆Ａを主な対象としています。このため、当社のコンサルタントは案件全体に深く関与し、実務を通じて幅広いスキルを磨くことができます。

Q12

社内での仕事以外の交流はありますか？

A

社員間の交流を促進するため、部活動を積極的に推進しています。現在、ゴルフ、サウナ、フットサル、バスケットボール、釣りなど、多彩な活動が行われており、これらは部署を超えたコミュニケーションの場として機能しています。この取り組みを通じて、社内の良好な雰囲気が育まれています。

当社では、社員同士の活発な交流が職場の良好な雰囲気を育む一助になっていると考えており、今後は文化系の部活動をさらに充実させることで、より幅広い社員が参加できる環境を整えていく予定です。

あとがき

ここまでお読みいただいた皆さまに、心より感謝申し上げます。私たちが取り組むM&A仲介事業の本質や意義を、少しでも感じ取っていただけたなら、この上ない喜びです。

特に、顧客の皆さま、全従業員、そしてこれまで弊社の歩みに関わってくださったすべての方々へ。皆さまのご支援がなければ、今日の私たちはありませんでした。一つひとつのご縁に、改めて深く感謝いたします。

M&A仲介事業には、社会から疑問や誤解の目が向けられることもあります。そのような視線を受け止めながら、私たちは常に問い続けてきました。「この仕事は正しいのか」「真に価値を生み出せているのか」と。それでも、ひとつだけ確信を持って言えることがあります。それは、M&Aが正しく運営される限り、それが希望に満ちた未来を創り出す素晴らしい仕事であるということです。企業やその従業員、そして地域社会を支え、新たな可能性を切り拓く――その瞬間に立ち会えることこそ、私たちの誇りです。

私たちは、M&Aに対して単なる仕事以上の想いを抱いています。それは、ラブレターを書くような情熱であり、感謝状を贈るような敬意。一つひとつの案件に込められた想いに応え、全力で取り組むこと。それが私たちの信念であり、日々のエネルギーの源です。

この本が、M&A業界の魅力と共に、私たちの挑戦や情熱をお伝えするきっかけとなれば幸いです。そして、未来へ向かうその道のりを、あなたと共に歩んでいけることを心から願っています。

［著者略歴］

森山智樹（もりやま・ともき）

東海大学健康科学部卒。2010年にグリーンホスピタルサプライ株式会社へ入社し、病院移転・新築時におけるコンサルティング、医療機器等販売業務に従事。2014年に株式会社日本M&Aセンターへ入社。数多くのヘルスケア関連M&A成約を支援。2021年に株式会社fundbookへ入社。ヘルスケア領域のM&A支援に特化したヘルスケアビジネス戦略部の立ち上げに従事。2023年10月、同社執行役員M&Aコンサルティング本部長に就任。2024年4月、同社代表取締役に就任。

渡邊和久（わたなべ・かずひさ）

東北大学教育学部卒。2010年に株式会社山形銀行へ入行し、中堅中小企業の法人営業に従事。同行営業支援部にて中小企業を対象とした事業承継・M&A業務を担当する。2018年に株式会社fundbookへ入社し、ガス・エネルギー専門チームの立ち上げに従事し、同業界の企業を中心に数多くのM&Aを支援。2023年10月、同社執行役員M&A推進本部長に就任。2024年4月、同社代表取締役に就任。

M&Aコンサルタントという選択《せんたく》
なぜ、最高峰人材《さいこうほうじんざい》がM&A業界《ぎょうかい》に集《あつ》まるのか

2025年1月11日　初版発行

著　者　　森山智樹・渡邊和久

発行者　　小早川幸一郎

発　行　　株式会社クロスメディア・パブリッシング
〒151-0051 東京都渋谷区千駄ヶ谷4-20-3 東栄神宮外苑ビル
https://www.cm-publishing.co.jp
◎本の内容に関するお問い合わせ先：TEL（03）5413-3140／FAX（03）5413-3141

発　売　　株式会社インプレス
〒101-0051 東京都千代田区神田神保町一丁目105番地
◎乱丁本・落丁本などのお問い合わせ先：FAX（03）6837-5023
service@impress.co.jp
※古書店で購入されたものについてはお取り替えできません

印刷・製本　　株式会社シナノ

ISBN978-4-295-41049-2　C2034